POLYGLOTT

KANARISCHE INSELN

ON TOUR

W0062213

DER AUTOR

ROLF GOETZ

studierte an der Freien Universität Berlin Publizistik und
Psychologie und arbeitet als freiberuflicher Journalist – im
Sommer in Stuttgart, im Winter auf der Kanareninsel La Palma.
Von dort aus besucht er seit vielen Jahren regelmäßig auch die
Nachbarinseln. Für die Reihe POLYGLOTT on tour verfasste er
neben dem vorliegenden Band auch jenen über den
Schwarzwald.

Unser E-Book-Code zur elektronischen Erweiterung des
POLYGLOTT on tour. Das kostenlose E-Book enthält die im
Reiseführer aufgeführten Adressen entlang der Touren,
beispielsweise zu Essen und Trinken, Shoppen, Aktivitäten
und Hotel-Tipps. Links auf einen externen Kartendienst
vereinfachen das Auffinden dieser Adressen.

WWW.POLYGLOTT.DE

SYMBOLE ALLGEMEIN

Erstklassig: Besondere Tipps der Autoren

Seitenblick: Spannende Anekdoten zum Reiseziel

 Top-Highlights und Highlights der Destination

54 TOUREN & SEHENSWERTES

TOUR-SYMBOLE			**PREIS-SYMBOLE**	
❶	Die POLYGLOTT-Touren		Hotel	Restaurant
6	Stationen einer Tour		(DZ)	(Menü)
📖 A1	Die Koordinate verweist auf	€	unter 80 EUR	unter 20 EUR
	die Platzierung in der Faltkarte	€€	80 bis 160 EUR	20 bis 40 EUR
📖 a1	Platzierung Rückseite Faltkarte	€€€	über 160 EUR	über 40 EUR

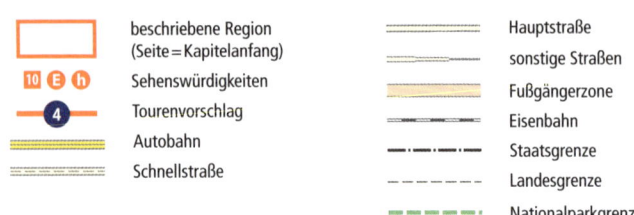

ZEICHENERKLÄRUNG DER KARTEN

beschriebene Region
(Seite = Kapitelanfang)

10 **E** **h** Sehenswürdigkeiten

4 Tourenvorschlag

Autobahn

Schnellstraße

Hauptstraße

sonstige Straßen

Fußgängerzone

Eisenbahn

Staatsgrenze

Landesgrenze

Nationalparkgrenze

ATLANTISCHER OZEAN

La Palma

Roque de los
Muchachos
2426
Santa Cruz
de la Palma
Los Llanos
4 **4** **5** **6**
START START START
Los Canarios

La Palma S. 75

Teneriffa S. 56
START
3
La
Laguna **3**
Puerto
de la Cruz
20 **1** Santa Cruz
de Tenerife
Icod
Masca **2**
2 Pico
del Teide
3718 **1**
Playa de las
Américas **Teneriffa**
Los Cristianos
START
21

La Gomera

5
START START
7 **8** San
Vueltas Sebastián

La Gomera S. 89

El Hierro S. 98
La Frontera **6**
START Valverde
9 **10**
El Hierro

TOP-12-HIGHLIGHTS

Alegranza

La Graciosa

Lanzarote

Teguise

P. N. de Timanfaya

Fundación César Manrique

Arrecife

Playa Blanca

Lanzarote S. 134

Fuerteventura S. 122

Corralejo

Lobos

Puerto del Rosario

Betancuria

Fuerteventura

Morro Jable

Gran Canaria S. 105

Las Palmas

Teror

Pico de las Nieves

Tejeda

1949

Puerto de Mogán

Maspalomas

Gran Canaria

0   30 km

N

© GRÄFE UND UNZER GmbH, München

In den berühmten Dünen von
Maspalomas, Gran Canaria

TYPISCH

DIE KANARISCHEN INSELN SIND EINE REISE WERT!

Im Winter ist die Inselgruppe im Atlantik der kürzeste Weg in die Sonne. Urlauber haben die Qual der Wahl zwischen sieben Eilanden, von vulkanisch schwarz bis üppig grün, von Strandhochburg bis Hinterland-Finca, von Wandern und Surfen bis zum Dolcefarniente am Pool.

ROLF GOETZ
Der Autor studierte an der Freien Universität Berlin Publizistik und Psychologie und arbeitet als freiberuflicher Journalist – im Sommer in Stuttgart, im Winter auf der Kanareninsel La Palma. Von dort aus besucht er seit vielen Jahren regelmäßig auch die Nachbarinseln. Für POLYGLOTT verfasste er auch den Reiseführer zum Schwarzwald.

Um es gleich vorneweg loszuwerden: Die Kanarischen Inseln rühmen sich, das beste Klima der Welt zu haben. Und das stimmt! Im Sommer ist es lange nicht so heiß, wie etwa am Mittelmeer, und die Winter sind angenehm mild, mit Tagestemperaturen, die selten unter die 20-Grad-Marke fallen. Als typischer Sonnenhungriger reise ich fast immer mitten im europäischen Winter auf die Kanaren. Sofort nach der Landung packe ich die Sandalen aus und genieße in T-Shirt und Shorts die ersten Sonnenstrahlen auf der Haut. Meist noch am Anreisetag fahre ich ans Meer, um nachzuschauen, ob am Strand der Sand noch da ist. Richtig angekommen bin ich dann im Fischlokal meiner Wahl, auf einer Uferpromenade oder noch besser, irgendwo in einem abgelegenen Küstenort, wo es kein Hotel gibt. Nicht dass ich ein übermäßiger Fan der kanarischen Küche wäre. Doch diese überall auf den Inseln in einer Schüssel aufgetischten kleinen Runzelkartoffeln und dazu je ein Schälchen mit rotem und grünem Mojo, das hat schon was. Dann dem Wellenschlag zuhören und bei einem kühlen Bier zuschauen, wie die Sonne langsam ins Meer abtaucht. Was braucht es mehr für einen gelungenen Einstieg!

Sehr gute Flug- und Fährverbindungen machen das Inselhüpfen schnell und einfach, oft besuche ich auf der gleichen Reise zwei oder drei Inseln hintereinanderweg. Dabei überrascht ein ums andere Mal aufs Neue: Jede der sieben Hauptinseln ist anders. Überall ist zwar das vulkanische Element präsent, doch die landschaftliche Vielfalt ist enorm.

Lanzarote punktet mit ausgebrannten Kratern und schroffen Lavafeldern, die ein Gefühl vermitteln, auf dem Mond gelandet zu sein. Bis auf ein paar Palmenhaine kaum ein Baum oder Strauch. Dafür gleicht jedes entdeckte Wolfsmilchgewächs einer botanischen Sensation.

Vom Süden Lanzarotes braucht die Fähre gerade mal eine halbe Stunde zur Nachbarinsel Fuerteventura, die sich trotz der geringen Entfernung ganz anders präsentiert. Hier gibt es vor allem mehr Platz, an den teils von Saharadünen gesäumten langen Sandstränden kann ich mir stundenlang die Füße vertreten. Wäre ich Windsurfer, würde ohnehin keine andere Insel in Frage kommen.

Und Gran Canaria, trotz des Namens flächenmäßig lediglich die drittgrößte Kanareninsel, ist weitaus besser als ihr Ruf. In den Hotelstädten Playa del Inglés und Puerto Rico ist zwar tatsächlich der Bär los, und ich kann gut verstehen, dass manch ein Feriengast mit Sonne, Strand und Nightlife dort alles findet, was er so braucht. Das wahre Gran Canaria muss man allerdings

Frühling am Roque Bentaiga über dem Bergdorf Tejeda, Gran Canaria

anderswo suchen, etwa in einem abgeschiedenen Bergdorf im Hochland. Zauberhaft ist es dort im Februar, wenn gerade die Mandelbäume blühen.

Auf Teneriffa zieht mich immer der alles überragende Pico del Teide, Spaniens höchster Berg, in seinen Bann. Im Winter kommt es nicht selten vor, dass sein mehr als 3700 Meter hoher konisch geformter Gipfel mit Schnee gepudert ist. Manchmal genügt es mir während ein paar Schwimmübungen im Atlantik von der Küste aus einen Blick auf den Bergriesen zu werfen. Doch sollte ich ausnahmsweise einmal im Mai unterwegs sein, bin ich immer oben im Nationalpark und bestaune das weiße Blütenmeer der Ginsterheide, aus der bis zu drei Meter hohe rote Natternköpfe leuchten.

Die grünen Westinseln La Gomera und La Palma sind mein liebstes Wanderrevier. Würzig duftende Wälder erinnern ein bisschen an den Schwarzwald, nur dass anstelle von Tannen und Fichten die endemische Kanarenkiefer den Ton angibt. Ja und El Hierro, das Küken am südwestlichen Rand des Archipels! Das ist immer der richtige Platz, wenn ich den Lärm der Welt hinter mir lassen möchte und wirkliche Ruhe suche.

Auf die oft gestellte Frage, welche der sieben Inseln nun denn tatsächlich die Schönste sei, habe ich stets die gleiche Antwort parat: Immer jene, auf der ich gerade bin.

La Gomera ist ein üppig grünes Idyll, beliebt bei Wanderern und Radsportlern

WAS STECKT DAHINTER?

Die kleinen Geheimnisse sind oftmals die spannendsten. Hier werden die Geschichten hinter den Kulissen erzählt.

WARUM REGNET ES IM INSEL-NORDEN MEHR ALS IM SÜDEN?

Die Kanarischen Inseln liegen im Einfluss des Nordostpassats, dessen mitunter feuchte Wolken sich an den Bergen im Norden der Insel stauen und abregnen. Die Berge fungieren sozusagen als Wetterscheide und lassen im Inselsüden nur ganz selten Niederschläge zu. Dies gilt insbesondere für La Palma, Teneriffa, Gran Canaria, La Gomera und El Hierro, jene Inseln mit hohen Gebirgszügen und deshalb ausgeprägter klimatischer Zweiteilung. Somit erklärt sich auch, warum es auf diesen Eilanden gerade an den südlichen Küsten die größten Ferienstädte gibt – und nordseitig das üppigere Grün › S. 23.

WAS HABEN KANARIENVÖGEL MIT DEN KANAREN ZU TUN?

Kanarienvögel gibt es auf den Kanaren schon, doch genauso wie bei uns nur domestiziert im Käfig. Ihren Namen haben die bunt gefiederten Gesellen von dem Kanarengirlitz *(Serinus canaria)* aus der Familie der Finken, der bis heute außer auf Fuerteventura und Lanzarote auf allen übrigen Inseln wild vorkommt. Wegen seines bemerkenswerten Gesangs wurden Züchter auf ihn aufmerksam und schufen mit dem Harzer Roller eines der weltweit berühmtesten Haustiere.

WAS IST INSELBAROCK?

Eine Augenweide sind die barocken Altaraufsätze, die in den Kirchen Teneriffas zu finden sind. Ornamentale Verzierungen und teils auf lateinamerikanische Einflüsse zurückgehende Motive exotischer Vögel und Pflanzen sowie um die Retabeln schwebende Putten mögen auf den ersten Blick kitschig erscheinen. Doch die handwerkliche Ausführung und der verschwenderische Einsatz von Blattgold wirken überzeugend genug, um den sogenannten »Inselbarock« als eine der wichtigsten kanarischen Kunstströmungen zu würdigen. Schöne Beispiele dafür finden sich in den Kirchen von La Laguna › S. 74 und La Orotava › S. 72 (Teneriffa).

WARUM WERDEN AUF LANZAROTE LÄUSE GEZÜCHTET?

Cochenillerot war einst ein begehrter Farbstoff, der bis vor wenigen Jahren noch dem Campari seine leuchtende Farbe verlieh. Er wird aus der auf Feigenkakteen gezüchteten Schildlaus gewonnen. Die Kanaren waren einer der größten Produzenten des Naturfarbstoffes, bis dieser durch künstliche Produkte verdrängt wurde. Mit etwas Glück kann man in Guatiza noch Läusesammler bei der Arbeit sehen. Cochenillerot wird hier heute v. a. zum Einfärben von Textilien verwendet.

50 DINGE, DIE SIE ...

Hier wird entdeckt, probiert, gestaunt, Urlaubserinnerungen werden gesammelt und Fettnäpfe clever umgangen. Diese Tipps machen Lust auf mehr und lassen Sie die ganz typischen Seiten erleben. Viel Spaß dabei!

... ERLEBEN SOLLTEN

1 **Barfußwandern in Strandeinsamkeit** Von Cofete › S. 133 (Fuerteventura) aus kann man am völlig unverbauten feinsandigen Strand zum Felseninselchen El Islote wandern und rote Krabben beobachten.

2 **Abtauchen auf El Hierro** Die fischreichen Gewässer der kleinsten Kanareninsel mit ihren Riffen sind ein Taucherdorado. In La Restinga findet man ein halbes Dutzend Tauchschulen. Tipp: Fan Diving Hierro 📘 B10 mit deutscher Leitung (C. El Varadero, 4, Tel. 922 55 70 85, www. el-hierro-tauchen.de).

3 **Día de Los Indianos** Ein Erlebnis der besonderen Art ist das Rosenmontagsspektakel › S. 48 in Santa Cruz de La Palma. Es wird viel getanzt und dabei reichlich Talkumpuder in die Menge gestreut. Am besten passt man sich an und geht wie alle ganz in Weiß – die beste Garderobe sollte es aber nicht sein!

Von oben bis unten weiß ist man am Día de Los Indianos in Santa Cruz de La Palma

4 **Hart am Rand** Vom Bilderbuchdorf Agulo (La Gomera) › S. 96 führt eine 5-km-Wanderung hinauf zum Centro Juego de Bolas (auch per Auto erreichbar) und weiter zum Mirador de Abrante. Dieser garantiert spektakuläre Aussichten auf den Pico del Teide, Adrenalinstoß inklusive – der gläserner Skywalk reicht ein gutes Stück über die 400 m senkrecht abfallende Wand.

5 **Radtour durch die Berge** Das Hinterland der Playa del Inglés (Gran Canaria) ist wie geschaffen für Biketouren auf eigene Faust. Eine gute Auswahl an Mietfahrrädern bietet Free Motion  P9. Das Radsportzentrum organisiert auch Touren, z. B. per Mountainbike mit einem erfahrenen Guide durch den Barranco de Fataga (ab 59 €; Hotel Sandy Beach, Tel. 928 77 74 79, www.free-motion.com).

Gran Canarias Süden bietet gute Mountainbike-Möglichkeiten

6 **Dromdearritt** Dieses Vergnügen können Sie sich auf Teneriffa im Camel Park J7 gönnen. Hier sind rund 60 Dromedare zu Hause, die einer speziellen, auf den Kanaren jahrhundertelang in der Landwirtschaft eingesetzten Rasse angehören (Carretera TF-28 Los Cristianos – La Camella, Tel. 922 72 11 21, www.camelpark.es; halbe Stunde 20 €).

7 **Spektakulärer Aufstieg** Von La Frontera › S. 103 (El Hierro) können Wanderer mit Kondition auf einem gepflasterten Königsweg am Steilhang des Halbkraters El Golfo zum Mirador de Jinama aufsteigen – mit atemberaubenden Aussichten.

8 **Leinen los** Für interessierte Laien besteht u. a. auf Gran Canaria die Möglichkeit, bei Segeltörns entlang der Küste mitzufahren. Segeljachten mit Skipper für Ausflüge ab Las Palmas, Blick auf die Stadt und Badepause inklusive, verchartert Nautisport 06. Unterwegs lernt man das Segeln fast von selbst (Calle Leon y Castillo, 308, Tel. 667 66 40 43, www.nautisport.es; Preis auf Anfrage).

9 **Promenadentour** Im Badeort Playa Blanca › S. 141 (Lanzarote) ist man zu Recht stolz auf die kilometerlange Strandpromenade. Tagsüber läuft man ostwärts in Richtung der tollen Papagayo-Strände, bei etwas tiefer stehender Sonne nach Westen zum Leuchtturm.

⑩ Vulkanisches Erbe In Mancha Blanca › S. 138 (Lanzarote) führt ein Lavapfad zur Caldera Blanca. Dort ist man ganz nahe am vulkanischen Geschehen dran – der vor 3000 Jahren ausgebrochene Vulkan kann auf dem Kraterrand erkundet werden.

⑪ Die Schlucht der Todesängste Der Wanderklassiker von Los Brecitos › S. 85 (La Palma) macht hautnah mit dem Naturwunder Caldera de Taburiente bekannt, von der man durch den engen Barranco de las Angustias absteigen kann. Ein Muss für konditionsstarke Tourengeher (ca. 5–6 Std., 15 km)!

⑫ Stehpaddeln vor der Küste Gemütliches Stand Up Paddling (SUP) auf einem speziellen Board ist auch auf den Kanaren im Trend. In Fuerteventuras Surf-Hotspot Corralejo z. B. bietet das Flag Beach Watersports Center › S. 127 sowohl Paddelbretter zum Leihen (25 € pro ½ Tag) als auch Kurse (ab 60 €) an.

Die süße Spezialität *churros con chocolate*

… PROBIEREN SOLLTEN

⑬ Gofio eiskalt Das kanarische Grundnahrungsmittel Gofio › S. 50 lässt sich sowohl pikant als auch zuckersüß zubereiten. Auf der Zunge zergeht Gofio-Eis, für das wirklich außergewöhnliche Aroma sorgt geröstetes Getreide. Persönliche Empfehlung: Heladería El Gusto 📖 W5 (Calle Antonio Hernández Páez, 3, Corralejo, Fuerteventura).

⑭ Lateinamerikanisches Streetfood Köstlich sind kross ausgebackene Teigtaschen aus Maismehl, je nach Gusto gefüllt mit Thunfisch, Hühnerfleisch oder Ziegenkäse. Sie heißen Arepas, perfekt zubereitet werden sie im El Rinconcito 📖 B3 auf La Palma (Cta. General, 136 Puerto Naos, Tel. 922 46 35 74; €, Do Ruhetag).

⑮ Alles Käse! In Betancuria (Fuerteventura) kann man schmackhafte Ziegenkäsesorten in der Hofkäserei Finca Pepe 📖 B3 verkosten und kaufen (Granja Las Alcaravaneras, Tel. 928 87 81 64, www.fincapepe.com; Zufahrt gegenüber der Klosterruine).

⑯ Frisch gepresst Der alkoholfreie Renner auf Fiestas und Wochenmärkten ist Zuckerrohrsaft (*guarapo*) aus kanarischem Zuckerrohr. Auf dem Mercadillo in Puntagorda › S. 87 (La Palma) verfeinert man den Saft noch mit Maracujas.

⑰ Pfiffige Naturküche Als urgesund gilt der *potaje de berros*. Die sämige Brunnenkressesuppe steht vornehmlich in Landgasthöfen von

Karfreitagsprozession als Höhepunkt der *Semana Santa* in La Laguna, Teneriffa

La Gomera auf der Karte, in der Bar La Vista › S. 97 wird sie noch im traditionellen Holznapf serviert.

18 Vulkanweine In den Weinbergen von Lanzarote reifen auf jungvulkanischen Böden außerordentliche Tropfen. Fast so süß wie ein Likör mundet der Malvasía Dulce in der Bodega El Chupadero › S. 53.

19 Churros con chocolate Das in eine Tasse heiße Schokolade getunkte Spritzgebäck ist typisch spanisch, lecker und frisch zubereitet schmecken die Churros in der Casa Churro ▮ L4 (Calle San Agustín 25, La Laguna, Teneriffa).

20 Runzelkartoffeln Am Besten probiert man die klassische kanarische Beilage zu Fisch in einem Lokal direkt am Meer › S. 50. *Papas arrugadas* werden übrigens samt Schale gegessen.

21 Feine Patisserie Im ziemlich abgelegenen Buenavista del Norte westlich von Garachico (Teneriffa) avancierte El Aderno ▮ H5 dank seiner köstlichen Pralinen, Orangenkuchen und Gofio-Trüffel zum Mekka für Leckermäuler (Calle La Alhóndiga, 8, www.eladerno.com).

... BESTAUNEN SOLLTEN

22 Gelebte Religion In der Karwoche ziehen in Kutten gekleidete und mit Spitzhüten vermummte Bruderschaften durch die Straßen. Anrührend sind die Prozessionen in La Laguna (Teneriffa) › S. 48.

23 Flämischer Meister Das Museo Municipal de Bellas Artes › S. 62 (Santa Cruz de Tenerife) widmet sich v. a. der spanischen Malerei, ein Hauptwerk ist aber flämisch: das bewegende Nava-Grimón-Triptychon (1546), ein Altar-Flügelbild von Pieter Coecke van Aelst.

24 Mudejare Pracht Kunstvoll präsentiert sich das Erbe arabischer Handwerkskunst, vieles davon aus dem Kernholz der Kanarenkiefer. Eine Augenweide sind die getäfelten Decken der Pfarrkirche Santa Úrsula › S. 68 in Adeje (Teneriffa).

25 Archaische Methusaleme Einer der Stars der Kanarenflora ist der Drachenbaum. Im Weiler La Tosca ▌ C2 bei Barlovento (La Palma) gibt es gleich einen ganzen Hain von betagten *dragos* (erreichbar auf einem von der Straße nach Gallegos abgehenden Fahrweg).

26 Blütenzauber Ab Mitte Januar versetzt die Mandelblüte ganze Landstriche in einen weißrosa Blütentaumel. Überaus reizvoll zeigt sich dann das Tal von Tejeda › S. 120 (Gran Canaria), was dort groß mit viel Folklore bei der Fiesta del Almendro en Flor gefeiert.

27 Oh Tannenbaum! Auch wenn Weihnachtsbäume auf den Kanaren immer populärer werden, sind die traditionellen Weihnachtskrippen doch etwas Besonderes. Von Mitte Dezember bis Anfang Januar sind sie in Rat- und Kulturhäusern oder

Sakrale Kunstschätze im Kircheninneren von Santa Úrsula in Adeje, Teneriffa

im Freien zu bewundern. Als größte von allen gilt diejenige von Puerto del Rosario ◖ P8 auf Fuerteventura (nahe Busbahnhof).

28 **Bizarre Felsen** Am Mirador de La Ruleta ◖ J6 herrscht tagsüber Gedränge, denn alle wollen ein Selfie von Teneriffas berühmten Roques de García mit dem Teide im Hintergrund. Dabei wird oft übersehen, dass vom selben Aussichtspunkt auch die spektakuläre, wegen ihrer domartigen Silhouette *La Catedral* genannte, Felsformation in der Ucanca-Ebene voll im Blick ist.

29 **Treff zum Sonnenuntergang** Während der Hochsaison im Winter trifft man sich abends in Valle Gran Rey › S. 94 (La Gomera) an der Promenade von La Playa und schaut mit einem Drink in der Hand zu, wie die Sonne im Meer versinkt – ein unermüdlicher Trommler gibt oft den Rhythmus vor.

30 **Museumsdorf** In Ampuyenta › S. 130 öffnen sich im Museumskomplex auch die Türen des Geburtshauses des verdienten Tropenmediziners Dr. Tomás Mena y Mesa. Das Interieur veranschaulicht eindrucksvoll, wie Fuerteventuras Bildungsbürgertum im 19. Jh. lebte.

31 **Salz liebende Pflanzen** Am Leuchtturm Jandía (Fuerteventura) grenzt an die Playa del Matorral › S. 132 eine unter Naturschutz gestellte Salzwiese mit hoch spezialisierten Pflanzen wie Meerträubchen und Salzmelden. Die dortigen Salzwasserduschen bei Flut wären nichts für die normale Flora.

32 **Grüne Mülldeponie** Kaum zu glauben, dass der mit Palmen aufgeforstete Hügel einmal die Mülldeponie von Teneriffas Hauptstadt war. Im botanischen Garten Palmetum › S. 63 kann man neben 400 Palmenarten auch Agaven und Kakteen sowie weitere endemische und exotische Pflanzen bestaunen.

… MIT NACH HAUSE NEHMEN SOLLTEN

33 **Schmeckt mir gut!** So heißt *bienmesabe* wörtlich übersetzt – der Name des Nationaldesserts könnte griffiger nicht sein. Direkt vom Erzeuger kauft man die süße Mandelcreme in der Dulcería Nublo › S. 121 in Tejeda (Gran Canaria).

34 **Drachenbaumsamen** Wer an den wundersamen Bäumen Gefallen gefunden hat, kann sich auf dem heimischen Balkon selbst ein Bäumchen ziehen. Samenpäckchen erhält man vor Ort in vielen Souvenirläden und auf Märkten, etwa im für seine Drachenbäume bekannten Icod de los Vinos › S. 71 (Teneriffa).

35 **Von der Sonne verwöhnt** Auf Teneriffa betreiben deutsche Einwanderer die Marmeladenmanufaktur Delicias del Sol ◖ H6. Wer es scharf mag: im Sortiment sind auch Soßen, Sambals und exotische Chutneys (Chio, TF-28 bei Km 32,5, www. deliciasdelsol.eu).

In den Salinen von Fuencaliente, La Palma, wird das hochwertige *flor de sal* geerntet

36 Flor de Sal Das Meersalz aus den Salinen von Fuerteventura und La Palma ist zwar nicht ganz billig, dafür geben die mit Gewürzen verfeinerten Mischungen jedem Gericht ein unvergleichliches Aroma. Verkauf z. B. in dem kleinen Laden am Restaurant El Jardín de la Sal am Leuchtturm von Fuencaliente (La Palma) › S. 79.

37 Grüne oder rote Soße? In Restaurants gibt es reichlich Gelegenheit, original kanarischen *mojo* zu testen. Im Glas abgefüllt bekommt man den würzigen Dip in den meisten Supermärkten und auf vielen Wochenmärkten › S. 48.

38 Filigraner Lavaschmuck Ein besonderes Souvenir ist formschöner Lavaschmuck von El Hierro, La Gomera oder La Palma, eine gute Adresse hier ist Arte Lava 🔖 B3 in Puerto de Tazacorte (Calle El Puerto, 6A, La Palma, Tel. 922 48 00 16).

39 Arbeitsintensive Spitzen Berühmt sind die Hohlsaumstickereien von La Orotava (Teneriffa), eine riesige Auswahl an meisterhaft gearbeiteten Tischdecken, Untersetzern und Puppen offeriert La Casa de los Balcones › S. 72.

40 Eine süße Sache Die Kanarische Dattelpalme sieht nicht nur blendend aus, man kann aus ihrem eingekochten Saft auch ein Art Palmhonig gewinnen, der vor allem auf La Gomera so manches Dessert versüßt. In Valle Gran Rey › S. 94 (La Gomera) stehen die kleinen Gläser im Regal der Supermärkte.

41 Seidiger Glanz Im Seidenmuseum › S. 84 von El Paso (La Palma) kann man nicht nur den Spinnerinnen bei der Arbeit zuschauen, sondern auch kunstvoll handgefertigte Accessoires wie einen Seidenschal oder eine Seidenkrawatte erstehen.

42 Selfmade-Souvenir Sammeln Sie am Strand Herzmuscheln und packen Sie noch eine Handvoll schwarzen Lavasand ein. Das ganze in einem Glas drapiert auf dem Schreibtisch ist eine wunderschöne Erinnerung an den Kanarenurlaub.

... BLEIBEN LASSEN SOLLTEN

43 Unsoziales Verhalten Diverse kanarische Gemeindeverordnungen sehen für Rücksichtslosigkeiten und Verschmutzungen im öffentlichen Raum teils drastische Geldbußen vor, schon eine weggeworfene Zigarettenkippe kann 150 € kosten.

44 Hüllenlos sonnen Auf Fuerteventura ist vielerorts FKK die normalste Sache der Welt. An Kanarenstränden, die von Einheimischen mit Kindern frequentiert sind, sollte man sich jedoch der katholischen Landessitte anschließen und darauf verzichten. FKK wäre ein Affront!

45 Auf Einzelrechnungen bestehen In Restaurants ist es üblich, dass der Rechnungsbetrag von einem Gast der Tischgesellschaft beglichen wird, auseinanderdividieren sorgt nur für Komplikationen.

46 Trinkgeld zustecken Im Lokal bekommt man die Rechnung immer auf einem Tellerchen. Auf dieses legt man dann das Geld (oder Kreditkarte) und wartet, bis der Kellner es abholt und etwas später mit dem Wechselgeld zurückbringt. Beim Verlassen des Lokals lässt man dann einfach einen angemessenen Betrag auf dem Tellerchen zurück.

47 Rote Flaggen ignorieren An manchen Tagen sind die Strände zum Schwimmen zu gefährlich. An allen bewachten Stränden zeigen Flaggen im Ampelsystem den jeweiligen Zustand des Meeres an: grün = alles paletti; gelb = Achtung! rot = Baden strikt verboten!

48 Bei dunklen Wolken ins Gebirge Während am Strand die Sonne scheint, können im nur wenige Kilometer entfernten Bergland ganz andere Wetterbedingungen herrschen. Winterliche atlantische Tiefausläufer können Straßen und Wege schnell unpassierbar machen.

49 Verkehrsregeln missachten, Falschparken, Fahren ohne Gurt Geschwindigkeits- und Alkoholverstöße werden mit hohen Bußgeldern geahndet, Bescheide gehen auch an die Heimatadresse › S. 26.

50 Zum Welterbe mit dem Auto In die Altstadt von La Laguna (Teneriffa) zu kommen ist nicht ganz einfach, Parkplätze sind zudem sehr dünn gesät. Tipp: Im Intercambiador in Santa Cruz parken und von dort die Straßenbahn nehmen.

Die Windmühle »El Molino
de Antigua« im Käsemuseum
auf Fuerteventura

REISEPLANUNG
& ADRESSEN

DIE REISEREGION IM ÜBERBLICK

Die Kanarischen Inseln haben das ganze Jahr über Saison. Das ausgeglichene Klima mit nicht allzu heißen Sommern und milden Wintern macht die Inselgruppe vor Nordwestafrika zu einem der beliebtesten Bade- und Wanderziele Europas.

Zudem ist eine Reise auf die Kanaren von Mitteleuropa aus der schnellste Weg in die Sonne – die Flugzeit beträgt nur etwa vier Stunden.

Trotz des gemeinsamen vulkanischen Erbes hat jede der sieben Hauptinseln einen eigenständigen Charakter. *Teneriffa* vereint die meisten Superlative auf sich: Sie ist die größte und mit dem 3718 m hohen Teide die höchste Insel. Mit ihren faszinierenden Naturräumen gilt sie außerdem als die spektakulärste und vielseitigste der Kanaren.

Einer Mondlandschaft gleicht der Krater im Nationalpark Timanfaya auf Lanzarote

La Palma im Westen darf sich zu Recht die grünste Insel der Kanaren nennen. Kiefernwälder in den hohen Lagen, Reste eines tertiären Lorbeerwaldes im feuchten Norden und dazu ein alpin anmutender Gebirgskamm machen die *Isla verde* zu einem echten Wanderparadies.

Hervorragend wandern kann man auch auf **La Gomera**. Markenzeichen der in den 1970er-Jahren von den Hippies für sich entdeckten Insel sind tiefe Schluchten, liebliche Palmentäler und ein von dichtem Nebelwald überzogenes Hochland.

Das am Südwestrand des Archipels gelegene **El Hierro** ist bislang relativ wenig vom Fremdenverkehr berührt. Die kleinste Insel der Kanaren kann zwar mit beeindruckenden Tauchgebieten aufwarten, die schroff abfallenden Küstenfelsen bieten allerdings kaum Raum für Badespaß am Strand.

Gran Canaria im Zentrum der Kanaren verhalf dem Archipel zu seinem Namen, obschon die Insel nur die drittgrößte ist. Die weitläufigen Sandstrände im Süden machten Gran Canaria vor allem als Badeinsel bekannt, doch auch das ursprüngliche Bergland und nicht zuletzt die quirlige Metropole Las Palmas sind eine Erkundung wert.

Fuerteventura im Osten präsentiert sich als fast waldlose, trockene Wüsteninsel. Wegen der kilometerlangen Sandstrände ist »Fuerte« aber ein Paradies für Badegäste. Optimale Windverhältnisse machen sie zudem zum europäischen Mekka der Wind- und Kitesurfer.

Auch **Lanzarote** zeigt sich wegen geringer Niederschläge vegetationsarm. Gewaltige Vulkanausbrüche im 18./19. Jh. verwandelten weite Teile der Feuerinsel in eine bizarre Mondlandschaft. Lanzarote punktet außer mit dem Nationalpark Timanfaya und Traumstränden mit dem künstlerischen Erbe seines großen Sohns, César Manrique.

KLIMA & REISEZEIT

Nicht von ungefähr wird das Klima der Kanarischen Inseln als eines der angenehmsten der Welt gerühmt; auch was die Zahl der Sonnenstunden angeht, liegen die Kanaren europaweit an der Spitze.

Mit nicht allzu heißen Sommern und im Vergleich zu Mitteleuropa warmen Wintern unterliegen die Jahreszeiten keinen großen Temperaturschwankungen. Die Kanarischen Inseln sind rund ums Jahr ein beliebtes Reiseziel.

Wetterbestimmend ist der Nordostpassat, der den Inseln nicht nur eine beständige frische Brise beschert, sondern auch feuchte Wolkenmassen mit sich führt. Auf den Ostinseln sind die Berge relativ niedrig, sodass die Wolken darüber hinwegziehen, ohne eine nennenswerte Menge von ihrem kostbaren Nass abzugeben. Entsprechend trocken und vegetationsarm präsentieren sich die Inseln Lanzarote und Fuerteventura. An den Nordhängen der Gebirgsmassive der Zentral- und Westinseln dagegen stauen sich die Wolken und bescheren zumindest dem Nordosten reichlich Niederschläge.

In Lagen oberhalb von 2000 m kann es im Winter schneien; von Dezember bis März ziert vielfach ein Sahnehäubchen den Gipfel des 3718 m hohen Teide auf Teneriffa.

WANN WOHIN?

Dank der milden Temperaturen sind die Kanaren ganzjährig als Reiseziel geeignet. Hauptreisezeit sind die Wintermonate mit absoluten Spitzen an Weihnachten und Os-

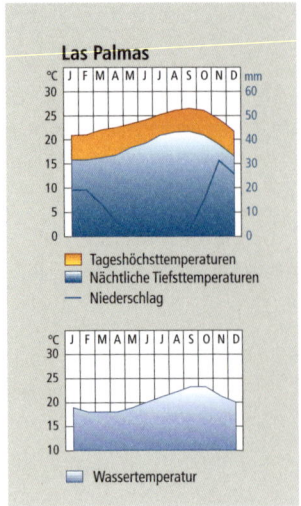

tern; hier muss man bis zu einem halben Jahr vorher disponieren. Auch in den Sommerferien können die Flüge mitunter knapp werden. Beste Reisezeit für Aktivurlauber wie Wanderer und Biker sind das Frühjahr und der Herbst. Im Norden bringen die Passatwolken gerade in den Wintermonaten manch verhangenen und regnerischen Tag mit sich. Wem es auf Sonne total ankommt, der sollte sich im Winter besser auf den sonnensicheren Südseiten bzw. auf La Palma im Südwesten einmieten.

ANREISE

MIT DEM FLUGZEUG

Ferienflieger bedienen von deutschen, schweizerischen und österreichischen Flughäfen täglich nonstop Teneriffa, Gran Canaria, Fuerteventura und Lanzarote sowie mehrmals wöchentlich La Palma. In Frage kommen etwa die Airlines TUIfly (www.tuifly.com), Condor (www.condor.com), Eurowings (www.eurowings.com) und Ryanair (www.ryanair.com). Umständlicher, da stets mit Umsteigen auf dem spanischen Festland verbunden, ist die Anreise mit Iberia (www.iberia.com) oder Vueling (www.vueling.com).

Die Flughäfen von El Hierro und La Gomera sind nur mit Umsteigen in Teneriffa – El Hierro auch Gran Canaria – mit Propellermaschinen von Binter Canarias (www.bintercanarias.com) und Canaryfly (www.canaryfly.es) erreichbar.

MIT DEM SCHIFF

Vom südspanischen Cádiz verkehrt einmal wöchentlich eine Autofähre von Trasmediterránea (www.trasmediterranea.es) nach Lanzarote, Gran Canaria, Teneriffa und La Palma. Ebenfalls einmal pro Woche fahren Autofähren von FRS (www.frs.es) und Fred. Olsen (www.fredolsen.es) ab Huelva zu den Kanaren. Die Fahrt dauert 40–48 Std. und ist teurer als ein Flug.

REISEN IN DER REGION

AUF DEN EINZELNEN INSELN

MIT DEM BUS

Auf den Hauptinseln können durch das gut ausgebaute Streckennetz fast alle wichtigen Orte mit dem Bus erreicht werden. Hingegen verkehren auf La Gomera und El Hierro sowie in Teilen Fuerteventuras seltener Busse. Auch für die Erkundung der Bergregionen der größeren Inseln empfiehlt sich ein Mietwagen.

Fahrpläne stehen auf den Webseiten der Busgesellschaften (bei größeren Inselorten angegeben). Die Tarife sind relativ preiswert, zum Teil werden günstige Sammeltickets oder Rückfahrscheine angeboten.

MIT DEM TAXI

Auf fast allen Inseln des Archipels werden die Fahrten per Taxameter abgerechnet. Auf den kleinen Kanaren wird allerdings – zumindest teilweise – noch nach Listenpreisen gefahren. Diese sollte man sich vor der Fahrt vom Fahrer zeigen lassen.

Der Flughafen von El Hierro wird von kleineren Regionalflugzeugen bedient

MIT DEM MIETWAGEN

Auf allen Inseln sind Mietwagen sehr verbreitet. Internationale Firmen arbeiten meist mit lokalen Anbietern zusammen. Wer über Internetportale wie www.billiger-mietwagen.de reserviert, hat eine Riesenauswahl und kann Preise und Konditionen bequem vergleichen.

Wichtige Verkehrsregeln: Das Tempolimit beträgt (wenn nicht anders beschildert) innerorts 50 km/h, außerorts 90 km/h, und auf Autobahnen 120 km/h. Die Promillegrenze liegt bei 0,5, bei Führerscheinbesitz unter zwei Jahren bei 0,3. Es besteht Anschnallpflicht, Handyverbot am Steuer und Warnwestenpflicht beim Verlassen des Fahrzeugs außerorts am Straßenrand. › mehr S. 19 Punkt **49**

INSELHÜPFEN

MIT DEM FLUGZEUG

Die Fluggesellschaften Binter Canarias (www.bintercanarias.com) und Canaryfly (www.canaryfly.es) verbinden alle Inseln des Archipels miteinander. Zwischen den Hauptinseln gibt es täglich mehrere Flüge. Drehkreuz in der Westprovinz ist der Aeropuerto de Tenerife Norte (Nordflughafen von Teneriffa), in der Ostprovinz der Aeropuerto de Gran Canaria. Informationen und Buchung in Reisebüros bzw. online.

MIT DEM SCHIFF

Autofähren und Auto-Expressfähren machen das Inselhüpfen bequem und günstig. So kann man mehr als nur eine Kanareninsel während eines Urlaubs kennenlernen. Fahrpläne, -preise und Buchungsmöglichkeiten erhält man bei Líneas Fred Olsen, (Tel. 902 10 01 07, www.fredolsen.es) und Naviera Armas (Tel. 902 45 65 00, www.navieraarmas.com).

Fähren sorgen für gute Verbindungen zwischen den Inseln

INSELPERSÖNLICHKEITEN

LUIS MORERA

Das Allroundtalent aus La Palma bewahrt mit seiner Band »Taburiente« die klassische Inselfolklore und interpretiert sie neu. Auch durch spektakuläre Kunstprojekte tat sich Luis Morera hervor. Sein bekanntestes Werk ist die fantasievoll gestaltete Plaza La Glorieta in Las Manchas › S. 84. Mit dem 1992 tödlich verunglückten César Manrique aus Lanzarote verband ihn eine enge Freundschaft. »César hatte die gleiche Einstellung zur Natur wie ich«, verriet Morera dem »La Palma 24-Journal«. »Auch er wollte die Insel für alle Zeit beschützen.«

Da ihm im Gegensatz zu Manrique die großen Mäzene fehlen, muss er mit kleinerem Budget auskommen. »Ich bin mit meiner Kunst nicht reich geworden, aber ich habe mein eigenes Haus mit einem Studio in Santa Cruz de La Palma.«

Bodenmosaik von Luis Morera auf der Plaza La Glorieta in Las Manchas, La Palma

- Musik von Taburiente:
  www.facebook.com/grupotaburiente
- Kunst von Luis Morera:
  Figur »Enano« (Zwerg), Plaza de la Alameda, Santa Cruz de La Palma; Wandgemälde »Cascada de Los Tiles«, Halle des Hotels Taburiente Playa, Los Cancajos;
  El Jardín de las Delicias, Los Llanos de Aridane
- Luis Morera im Interview:
  www.la-palma24.info/luis-morera

CRISTOFER CLEMENTE

Weltspitze ist Cristofer Clemente als Bergläufer. Sein bisher größter Erfolg war 2016 der erste Platz bei der der Skyrunner World Series in der Kategorie Ultra. Trainiert wird natürlich auf der Heimatinsel La Gomera, 18 bis 20 Stunden pro Woche. Und beim Gomera Paradise Trail ist er nach Möglichkeit auch mit von der Partie.

»Ich bin an vielen Orten gewesen und habe bemerkt, dass La Gomera viele Strecken bietet, die für diesen Sport perfekt sind. Sie sind gut markiert, hinzu kommen atemberaubende Landschaften«, schwärmt Clemente in einem Interview mit www.lagomera.travel. »Ich verlasse mein Haus in San Sebastián und habe die Wahl zwischen vielen verschiedenen Trails.« Wichtig ist für ihn der Kontakt zur Natur. Läufern, die nach La Gomera kommen, gibt er mit auf den Weg, die steilen Hänge und großen Temperaturunterschiede zu berücksichtigen.

Hartes Terrain für Skyrunner wie Cristofer Clemente

• **Cristofer Clemente live erleben:**
Gomera Paradise Trail, um den 1. September, www.gomeraparadise.com
Weitere Infos: www.cristoferclemente. com, www.facebook.com/crisclemente85

KIRA MIRÓ

»Jedesmal, wenn ich in meine Heimat zurückkehre, überkommt mich Nostalgie«, erzählte die in Santa Brígida (Gran Canaria) geborene Schauspielerin Kira Miró dem Online-Magazin »Woman.es«. »Hier habe ich die besten Jahre meines Lebens verbracht. Ich hatte eine sehr glückliche Kindheit.« Heute gönnt sie sich in den Wintermonaten gerne eine Wellness-Auszeit auf der Insel, mit Massagen unter freiem Himmel, Thalassotherapie und natürlichen Anwendungen. Schlichte, aber köstliche Kleinigkeiten wie »papas arrugadas«, Ziegenkäse oder auch die Schokocreme-Schnitten von »Tirma« aus Las Palmas erinnern sie an ihre Jugend. Auch

dreht sie immer wieder Filme auf Gran Canaria. Etwa »Fashionlins« (2017), wo sie gemeinsam mit Leticia Etala, die ebenfalls von der Insel stammt, auftritt. Acht Kurzfilme über die Modeszene wurden darin zusammengefügt. Einer davon – dem Designer Custo Dalmau (Marke Custo Barcelona) gewidmet – spielt in den Dünen von Maspalomas. Regisseur Manuel M. Velasco war hingerissen von der vielfältigen Landschaft Gran Canarias. »Als wir das Projekt in Gang brachten, fuhren wir rund um die Insel und entdeckten wunderbare Ecken«, zitiert ihn der Blog www.grancanaria.com.

• **Mit Kira Miró auf Gran Canaria:**
Chocolatinas »Tirma«, im Supermarkt, www.tirma.com;
Wellness im Corallium Thalasso Lopesan Villa del Conde, www.lopesan.com;
Teaser von »Fashionlins«: www.youtube. com/watch?v=gxl2ASIVE6U
Weitere Infos: www.kiramiro.com, www.facebook.com/kiramiroweb

Die bekannte Schauspielerin und Fernsehmoderatorin Kira Miró

SPORT & AKTIVITÄTEN

Das Sportangebot auf den Kanaren könnte für Aktivurlauber nicht vielseitiger sein. Strände und sauberes Wasser laden zu allen möglichen Sportarten im, unter und über Wasser ein. Auch fern der Küste bietet sich ein weites Betätigungsfeld für fitnessbegeisterte Freizeitsportler.

Der Strand bei El Cotillo, Fuerteventura, ist ein Surfspot für Fortgeschrittene

WIND- & KITESURFEN

Der Passatwind sorgt vor allem auf den Ostinseln für erstklassige Bedingungen für Surfer – mit Spots für alle Schwierigkeitsgrade ist Fuerteventura »das« Surfermekka. An der Playa Barca bietet die Surfschule **René Egli** (Tel. 928 54 74 83, www.rene-egli.com) Kurse unter erfahrener Leitung. Gute Bedingungen finden Surfer auch auf Lanzarote an der Playa de las Cucharas vor (**Windsurfing Club**, Tel. 928 59 07 31, www.lanzarotewindsurf.com), auf Gran Canaria in Bahía Feliz (**Fanatic Boarders Center**, Tel. 928 15 71 58, www.fbcgrancanaria.com) sowie auf Teneriffa in El Médano (**Surf Center Playa Sur**, Tel. 922 17 66 88, www.surfcenter.el-medano.com). Alle genannten Spots sind regelmäßig Austragungsorte für Weltcupwettbewerbe. Als beste Surfzeit gelten die windreichen Sommermonate mit durchschnittlich 4–8 Beaufort.

SEGELN

Sehr beliebt sind die Jachthäfen Puerto Colón in Playa de las Américas (Teneriffa), Puerto Rico und Puerto de Mogán (Gran Canaria) und Caleta de Fuste (Fuerteventura), ein eigenes oder gechartertes Boot vorausgesetzt. Im Süden Gran Canarias bietet die **Kanaren-Segelschule**

(Tel. 653 02 53 08, www.kanaren-segelschule.de) deutschsprachigen Unterricht und Meilentörns auf Hochseejachten an, übernachtet wird i. d. R. an Land.

TAUCHEN

Klares Wasser, bizarre Lavariffs und eine faszinierende Unterwasserwelt machen die atlantischen Gewässer zu einem guten Schnorchel- und Tauchrevier. Jede der sieben Hauptinseln verfügt über mindestens eine Tauchbasis, die ganzjährig geöffnet ist. Zu den schönsten Tauchplätzen zählen die Küsten vor El Hierro. Die Tauchzentren auf Teneriffa befinden sich in Los Gigantes im Westen und nahe Las Américas im Süden. Auch die Meerenge zwischen Lanzarote und Fuerteventura zieht die Taucher an.

WANDERN

Die Kanaren präsentieren sich als kontrastreiche Wanderregion mit Touren für alle Ansprüche. Besonders schön wandert es sich auf den weitgehend ursprünglich gebliebenen »kleinen Kanaren«, doch auch Teneriffa und Gran Canaria sind ein Dorado für Wanderer. Grandiose Hochgebirgstouren lassen sich im Teide-Nationalpark unternehmen. Wer nicht auf eigene Faust nach dem rechten Weg suchen möchte, kann sich einer von Parkrangern geführten Exkursion anschließen (Tel. 922 92 23 71, www.reservas parquesnacionales.es). Auf Lanzarote begeistern die bizarren Vulkanberge (Auskünfte über kostenlos geführte Wanderungen im Nationalpark: Centro de Visitantes, Tel. 928 11 80 42). Fuerteventura lädt

Rennradler auf Fuerteventura

zu kilometerlangen Dünen- und Strandwanderungen ein, das Bergland hält ebenfalls viele lohnende Touren bereit.

Spezialveranstalter für Wanderreisen auf den Kanaren sind:

Alpinschule Innsbruck (ASI)
- Tel. +43 51 254600 | www.asi.-reisen.de

CG Touristik
- Tel. +49 8536 919178
  www.wandern.de

Hauser Exkursionen
- Tel. +49 89 2350060
  www.hauser-exkursionen.de

Wikinger Reisen
- Tel. +49 2331 9046
  www.wikinger-reisen.de

Im Bergverlag Rother (www.rother. de) ist für jede der sieben Kanarischen Inseln ein Wanderführer mit jeweils 30–80 detailliert beschriebenen Touren inklusive GPS-Tracks zum Download erschienen. Die Bände zu Lanzarote und Fuerteventura hat der Autor dieses POLYGLOTT on tour verfasst.

RADFAHREN

Auf den gebirgigen bis alpinen Westkanaren fühlen sich vor allem Mountainbiker in ihrem Element. Auch Fuerteventura und Lanzarote halten attraktive Offroadtrails bereit. Wer sein eigenes Rad nicht mitbringen will, kann sich bei einer der örtlichen Verleihfirmen eines mieten, wie etwa bei den deutschsprachigen Bikestationen auf Teneriffa

(www.diga-sports.de), La Palma (www.bike-station.de), La Gomera (www.bike-station-gomera.com), Lanzarote (www.mountainbike-lanzarote.com) und Gran Canaria (www.free-motion.com).

GOLFEN

Die Zahl der Golfplätze auf den Kanaren ist in jüngerer Zeit stetig angewachsen. Teneriffa ist mit neun Parcours größte Golfdestination im Archipel, Gran Canaria folgt mit sechs Plätzen. Auch auf Lanzarote, Fuerteventura und La Gomera gibt es attraktive Golfplätze. Einen Überblick mit Adressen findet man auf der Website www.holaislascanarias.com. Eine Auswahl:

Golf Las Américas ◗ H7
Dem attraktiven Platz ist eine eigene Golfschule angeschlossen.
- Teneriffa | Tel. 922 75 20 05
  www.golflasamericas.com

Golf Maspalomas ◗ P9
Im klimatisch begünstigten Inselsüden, grenzt direkt an die Dünen.
- Gran Canaria | Tel. 928 76 25 81
  www.maspalomasgolf.net

Costa Teguise Golf ◗ Y4
Einer der schönsten Plätze in Europa, am Fuß eines Vulkans gelegen.
- Lanzarote | Tel. 928 59 05 12
  www.lanzarote-golf.com

Tecina Golf ◗ F7
Der 18-Loch-Platz bei Playa de Santiago garantiert Meerblick an jedem Loch.
- La Gomera | Tel. 922 24 51 01
  www.jardin-tecina.com

GLEITSCHIRMFLIEGEN

Dank guter Thermik zieht es immer mehr Gleitschirm- und Drachenflieger auf die Kanaren. Sehr gute Start- und Landeplätze gibt es auf Lanzarote: Spektakuläre Aussichten ermöglicht der Flug über Risco de Famara an der Nordwestküste. Mit interessanten Startplätzen lockt auch Teneriffa; von Izaña (2300 m) kann man lange hinuntergleiten zu den Stränden an der Nordküste. Auf La Palma wird direkt oberhalb des Badeortes Puerto Naos gestartet. Sowohl auf Teneriffa als auch auf La Palma werden Tandemflüge mit erfahrenen Piloten organisiert.

WELLNESS

Ein Spa-Center ist inzwischen Standard in jedem neu eröffneten Hotel der 4- und 5-Sterne-Kategorie, aber auch viele der schon älteren Beherbergungsbetriebe haben ihr Angebot um Thalassotherapie, Fitnesscenter, Beautybehandlungen oder Anti-Stress-Kuren ergänzt. Die besten Adressen auf Teneriffa sind das **Gran Hotel Bahía del Duque** › S. 67

und das **Hotel Botánico** › S. 73, auf Gran Canaria das **Hotel Gloria Palace San Agustín** › S. 116 und auf Fuerteventura das **Gran Hotel Atlantis Bahía Real** › S. 127.

WORKSHOPS & SPRACHKURSE

• Entspannung mit Yoga, Pilates und Malkursen bietet die **Finca El Cabrito**, ein familienfreundliches Bio-Hotel an der Südküste La Gomeras an; es ist nur per Schiff erreichbar (Tel. 922 14 50 05, www.elcabrito.es).
• Anthroposophisch orientiert ist das **Centro de Terapia Antroposófica** in Puerto del Carmen auf Lanzarote (Tel. 928 51 28 42, www.centro-lanzarote.de). Neben einem Kultur- und Kreativprogramm werden auch naturheilkundliche Therapien angeboten.
• Spanischkurse bietet die seit vielen Jahren bestehende **FU International Academy Tenerife** (Tel. 922 38 93 03, www.fu-tenerife.com) in Puerto de la Cruz (Centro Comercial La Cúpula) und in Costa Adeje auf Teneriffa an.

UNTERKUNFT

Die gut ausgebaute touristische Infrastruktur auf den Kanarischen Inseln hält Unterkünfte für alle Ansprüche bereit.

HOTELS & PENSIONEN

Auf den Hauptinseln steht in den Küsten-Ferienorten eine fast unbegrenzte Auswahl an Hotellerie aller Kategorien zur Verfügung. Das Gros der Zimmer wird über Reiseveran-

stalter pauschal inklusive Flug, vielfach mit Halbpension vermietet. Ein solcher ist i.d.R. günstiger als eine individuelle Buchung. In der Nebensaison (Mai/Juni und Okt./Nov.) sind die Unterkünfte oft erheblich preiswerter als in den Hauptreisezeiten von Weihnachten bis Ostern und in den Sommerferien. Für Individualreisende findet sich in der Nebensaison immer ein Platz. Besonders auf La Palma, La Gomera und – mit Einschränkung – El Hierro gibt es viele individuelle Unterkünfte.

APPARTEMENTS

Ein breites Angebot an Ferienwohnungen ergänzt die Hotellerie, vom kleinen Studio mit kombiniertem Wohn- und Schlafbereich samt Kochecke bis zum Mehrzimmer-Komfortappartement mit getrennten Wohn- und Schlafzimmern.

FERIENKLUBS

Kluburlaub mit »All Inclusive« ist besonders auf Fuerteventura verbreitet. Die Klubdörfer von **Robinson** (www.robinson.com) sowie der **Club Aldiana** (www.aldiana.de) liegen direkt an den Sandstränden der Halbinsel Jandía.

FINCA-FERIEN

Turismo Rural, Ferien auf dem Land, heißt das Modellprojekt, bei dem auf fast allen Kanareninseln Bauern- und Landhäuser restauriert wurden. Das Ergebnis sind rustikale Quartiere mit modernem Wohnkomfort nach Prinzipen des sanften Tourismus. Wer den Strand nicht vor der Tür haben muss, findet in Fincas ideale Voraussetzungen für einen ruhigen Urlaub.

Veranstalter bieten Fincas auch als Pauschalpaket mit Flug und Mietwagen an. Das größte Spektrum hat La Palma, ein attraktives Angebot auf La Palma, Teneriffa und El Hierro hält die **Ferienhaus-Vermittlung Karin Pflieger** (Tel. +49 40 5604488, www.la-palma-turismo-rural.de). Auf La Gomera ist ein Ansprechpartner **Isla Rural** (www.islarural.com).

GÜNSTIGE UNTERKÜNFTE

- In Puntagorda im Nordwesten von La Palma überzeugt die Pension **Mar y Monte** durch ihre schlichte Eleganz. > S. 87
- Mit einer Top-Lage im heimeligen Treppenviertel von La Calera (La Gomera) punktet **Jardín Concha**. Zum Strand sind es 15 Gehminuten. > S. 95
- Die Appartements **Los Telares** in Hermigua (La Gomera) verfügen über geräumige Zimmer mit Bad und Kochnische. > S. 97
- Die schlichten Zimmer ohne Bad in der Pension **Lumy** genügen einfachen Ansprüchen. Der mondäne Hafen von Puerto de Mogán (Gran Canaria) ist nur 1 km entfernt. > S. 119
- Im Norden Fuerteventuras hält in El Cotillo **Juan Benítez** geräumige Appartements bereit; wer Meerblick genießen will, muss allerdings ein paar Euro zusätzlich anlegen. > S. 128
- In El Golfo (Lanzarote), am Fuß des gleichnamigen Kraters, liegt die kleine Familienpension **El Hotelito del Golfo** > S. 141. Es gibt gute Fischlokale im Dorf.

Obst- und Gemüsestand mit
typischen Kanarenprodukten
auf Lanzarote

LAND & LEUTE

STECKBRIEF

- **Fläche:**
  Insgesamt 7447 km²;
  Teneriffa 2034 km²,
  La Palma 708 km²,
  La Gomera 370 km²,
  El Hierro 269 km²,
  Gran Canaria 1560 km²,
  Lanzarote 846 km²,
  Fuerteventura 1660 km²
- **Einwohner:** Insgesamt ca. 2,13 Mio.;
  Teneriffa 905 000, La Palma 82 000,
  La Gomera 21 000, El Hierro 11 000,
  Gran Canaria 847 000, Lanzarote 149 000,
  Fuerteventura 113 000
- **Bevölkerungsdichte:**
  285 Einw./km²; am höchsten auf
  Gran Canaria, am niedrigsten auf
  El Hierro (547 bzw. 41 Einw./km²)
- **Hauptstädte:** Santa Cruz de Tenerife und
  Las Palmas de Gran Canaria (Wechsel
  jede Legislaturperiode)

- **Höchste Erhebung:** Pico del Teide
  (Teneriffa), 3718 m
- **Entfernungen:** nach Nordafrika (Tarfaya,
  Marokko) mind. 100 km, nach Spanien
  (Cádiz) mind. 1300 km
- **Landessprache:** Spanisch
- **Landesvorwahl:** 00 34
- **Zeitzone:** MEZ −1 Std. (ganzjährig)
- **Währung:** Euro

LAGE

Geografisch gesehen sind die Kanarischen Inseln Afrika zuzuordnen: Sie liegen zwischen dem 27. und 29. Breitengrad und ziehen damit mit dem Süden von Marokko gleich. Der Archipel besteht aus sieben Hauptinseln; im Zentrum liegen Teneriffa und Gran Canaria, westlich davon die sogenannten *islas menores* (Kleinen Kanaren) La Palma, La Gomera und El Hierro, im Osten, nur knapp 100 km von der afrikanischen Küste entfernt, Lanzarote und Fuerteventura. Zu den Hauptinseln gesellen sich noch einige Inselchen und Felsenriffe, als größte davon sind La Graciosa und Alegranza nordöstlich von Lanzarote sowie Los Lobos zwischen Lanzarote und Fuerteventura zu erwähnen.

BEVÖLKERUNG & SPRACHE

Im 20. Jh. hat sich die Einwohnerzahl der Kanaren mehr als vervierfacht. Etwa 2,1 Mio. Menschen leben gegenwärtig auf den Inseln, der weitaus größte Teil auf den beiden Hauptinseln Teneriffa und Gran Canaria. Amts- und Umgangssprache ist Spanisch, in den Ferienorten ist die Verständigung auf Englisch und Deutsch aber kein Problem. In manchen von deutschen Gästen bevorzugten Zonen, etwa im Nordosten Tencriffas oder im Süden Fuerteventuras, entwickelt sich Deutsch sogar zur zweiten Umgangssprache.

WIRTSCHAFT

Auf den Hauptinseln ist seit den 1960er-Jahren der Tourismus der wichtigste Erwerbszweig. 2018 besuchten fast 13 Mio. Gäste den Archipel – mehrheitlich Engländer, gefolgt von Deutschen und Festlandspaniern. Dies entspricht zwar einem Rückgang von rund 3 % gegenüber dem Vorjahr, der Umsatz aus dem Tourismus stieg jedoch.

Neben dem Fremdenverkehr ist die Landwirtschaft ein ökonomisches Standbein. Die mit Abstand wichtigste Exportfrucht auf den Zentral- und Westkanaren ist die im 19. Jh. von dem französischen Diplomaten und Botaniker Sabin de Berthelot eingeführte *Dwarf Cavendish*, eine äußerst schmackhafte Zwergbanane, die heute bevorzugt in den wasserreichen Küstenzonen im Norden der Inseln kultiviert wird und ganze Landstriche mit einem grünen Teppich bedeckt. Seit den 1980er-Jahren ist der Zwergbananenanbau jedoch v. a. wegen der mittelamerikanischen Konkurrenz rückläufig, Hauptabnehmer ist das spanische Festland. Tomaten und Kartoffeln werden dagegen vornehmlich für den Eigenbedarf angebaut, Wein auch in kleinen Mengen für den Export. Auf den Ostinseln Fuerteventura und Lanzarote ist die Aloe ein erfolgreiches Nischenprodukt, aus der vor Ort Pflege- und Heilmittel hergestellt werden.

Die Küstenfischerei ist stark rückläufig und kann kaum noch den Eigenbedarf decken. In jüngerer Zeit hat sich jedoch die Fischzucht zu einem wachsenden Erwerbszweig entwickelt. Aus der Aquakultur kommen vornehmlich Dorade und Wolfsbarsch.

Von den etwa 810 000 Personen in einem Beschäftigungsverhältnis sind rund 3 % im Agrar-, 4 % im Industrie-, 5 % im Bau- und 88 % im Dienstleistungssektor tätig, was die Bedeutung des Tourismus unterstreicht.

POLITIK & VERWALTUNG

1982 erhielten die Kanarischen Inseln innerhalb Spaniens den Status einer autonomen Region. Seither genießen sie u. a. in den Bereichen Tourismus, Erziehung und Kultur weitgehende Selbstständigkeit. Bedeutsame politische Entscheidungen werden jedoch nach wie vor in der Hauptstadt Madrid gefällt. Die Loslösung vom Mutterland Spanien steht für die überwiegende Mehrheit der Canarios nicht zur Diskussion.

Der Sitz der Regionalregierung wechselt jede Legislaturperiode zwischen Santa Cruz de Tenerife und Las Palmas de Gran Canaria. Mit den *Cabildos Insulares* verfügt zudem jede Insel über ein lokales Selbstverwaltungsgremium.

Die beiden etablierten großen Festlandparteien der Sozialisten (PSOE) und Rechtskonservativen (PP) müssen sich zunehmend gegen lokalpolitisch geprägte Gruppierungen behaupten.

GESCHICHTE IM ÜBERBLICK

Die Besiedlung des Kanarischen Archipels verliert sich im Dunkel der Geschichte. Man nimmt an, dass sie in mehreren Wellen vom nordafrikanischen Kontinent aus erfolgte. Die ältesten Siedlungsspuren werden mithilfe der Radiocarbonmethode auf etwa 800 v. Chr. datiert. Die Ureinwohner – Altkanarier bzw. Guanchen – lebten bis ins 15. Jh. ungestört in ihrer Steinzeitkultur.

Um 1100 v. Chr. Erste Kontakte zu den Inseln werden den Phöniziern nachgesagt, die den ganzen Mittelmeerraum und die nordafrikanische Atlantikküste erkunden. Bei antiken Schriftstellern (Homer, Hesiod, Platon) tauchen Bezeichnungen wie »Inseln der Glückseligen«, »Gärten der Hesperiden« und »Atlantis« auf, die oft auf die Kanaren bezogen werden.

25 v. Chr. König Juba II. von Mauretanien entsendet eine Expedition auf die Kanaren.

150 n. Chr. Ptolemäus legt auf seiner Weltkarte den Nullmeridian durch El Hierro und markiert damit den Rand der damals bekannten Welt.

1312 Der genuesische Kaufmann Lancilotto Malocello landet an der Küste der später nach ihm benannten Insel Lanzarote an.

1402 Der normannische Ritter Jean de Béthencourt erobert im Auftrag der Kastilischen Krone Lanzarote, drei Jahre später wird Fuerteventura unterworfen.

Der Pico del Teide auf Teneriffa ist mit 3718 Metern der höchste Berg ganz Spaniens

1477–83 Gran Canaria wird von den Spaniern eingenommen.

1492 Christoph Kolumbus legt auf seiner Entdeckungsreise nach Amerika einen Zwischenstopp auf La Gomera ein. Alonso Fernández de Lugo erobert La Palma.

1496 De Lugo bricht in Realejo Alto auf Teneriffa endgültig den Widerstand der Guanchen. Damit enden die ein knappes Jahrhundert andauernden Auseinandersetzungen zwischen Spaniern und Ureinwohnern.

16./17. Jh. Wiederholt kommt es zu Piratenüberfällen, Inselbewohner werden in die Sklaverei verschleppt; 1618 ereilt dieses Schicksal 900 Lanzaroteños.

1723 Santa Cruz de Tenerife wird Hauptstadt der Kanarischen Inseln.

1797 Nach mehreren Fehlschlägen der Engländer greift Admiral Horatio Nelson Santa Cruz de Tenerife an; bei der einzigen Niederlage seiner Karriere büßt er den rechten Arm ein.

1799 Alexander von Humboldt besucht während einer Reise nach Südamerika Teneriffa und besteigt den Pico del Teide.

1817 Gründung der ersten Universität der Kanarischen Inseln in La Laguna.

1836 Abschaffung der Feudalherrschaft (Señorialsystem), die typisch für La Gomera, El Hierro, Lanzarote und Fuerteventura war – im Gegensatz zu den direkt der Krone unterstellten größeren Inseln des Archipels.

1852 Die Kanaren werden zur Freihandelszone erklärt.

1880 Die Briten führen Bananen als Monokultur auf den Kanarischen Inseln ein.

1927 Der Archipel wird in zwei Provinzen aufgeteilt; die westlichen Inseln werden von Santa Cruz de Tenerife verwaltet, die östlichen von Las Palmas de Gran Canaria.

1936 Der nach Teneriffa strafversetzte General Franco bereitet seinen Militärputsch gegen die Zweite Republik vor; nach dreijährigem Bürgerkrieg errichtet er in Spanien eine Diktatur.

1956 Das erste Charterflugzeug landet auf Gran Canaria, der Tourismus beginnt sich zu entwickeln.

1978 Nach dem Tod von General Franco tritt in Spanien eine demokratische Verfassung in Kraft.

1982 Die Kanarischen Inseln werden zur autonomen Region erklärt.

1986 Spanien wird Mitglied der NATO und der EG.

1999 La Laguna auf Teneriffa wird Weltkulturerbestadt.

2006 Die Bevölkerung der Kanaren übersteigt erstmals 2 Mio.

2007 Der Pico del Teide auf Teneriffa wird UNESCO-Weltnaturerbe.

2011 Nahe El Hierro bricht ein Unterwasservulkan aus.

2012 Der Loro Parque, Teneriffas beliebtester Freizeitpark, feiert sein 40-jähriges Bestehen.

2018/19 Nach einigen Rekordjahren aufgrund der politisch instabilen Lage in einigen Mittelmeerländern, v.a. in der Türkei, Tunesien und Ägypten, sind die Touristenzahlen auf den Kanaren 2018 rückläufig. Für 2019 wird ein weiterer leichter Rückgang erwartet.

AUF DEN SPUREN DER ALTKANARIER

Die Höhle Cuatro Puertas, ein imposantes Zeugnis altkanarischer Kultur auf Gran Canaria

Als die Spanier vor gut 500 Jahren den Kanarischen Archipel eroberten, stießen sie auf eine steinzeitliche Kultur, die weder Metallverarbeitung noch das Rad kannte. Die Altkanarier, die auf Teneriffa als Guanchen bezeichnet werden, wohnten in Höhlen, kleideten sich in Felle und kämpften mit Trachyt-Beilen. Die Überbleibsel der archaisch anmutenden Kultur faszinieren heute nicht nur Archäologen.

PETROGLYPHEN UND WOHNHÖHLEN

Los Letreros im menschenleeren Hochland von El Julán auf El Hierro zählt zu den wichtigsten Felsbildstellen des Archipels. Die in Lavaplatten gravierten Zeichen weisen Ähnlichkeiten mit einer libyschen Berberschrift auf und gelten als Beleg dafür, dass der Archipel von Nordafrika aus besiedelt wurde. Die Anfahrt erfolgt ab El Pinar in Richtung Leuchtturm (geführte Touren nach vorheriger Anmeldung unter Tel. 922 55 84 23; Di–So 10–18).

Im Tal von **La Zarza** auf La Palma finden sich Felswände mit spiralförmigen Petroglyphen. Das kleine Besucherzentrum des Parque Cultural informiert über die Kultur der Altkanarier (tgl. 11–17, Sommer bis 19 Uhr).

Der **Barranco de Guayadeque** im Südosten Gran Canarias, erreichbar über die Landstraße von Agüimes nach Guayadeque, war einer der Hauptsiedlungsplätze der Altkanarier. In dem noch bewohnten Höhlendorf **Cuevas Berrmejas** wurden Mumien und Grabbeigaben entdeckt. Eine ganz besondere Attraktion liegt am Ende der Schlucht: das außergewöhnliche Höhlenrestaurant Tagoror (Tel. 928 17 20 13). Ebenfalls in Gran Canarias Osten kann man die große Wohnhöhle **Cuatro Puertas** (7 x 17 m) besichtigen (an der Straße von Telde nach Ingenio); auf dem Berg oberhalb befindet sich ein alter Kultplatz. Das eingezäunte Gelände ist tagsüber frei zugänglich. Eine der bedeutendsten archäologischen Stätten des Archipels ist **Cenobio de Valerón** › S. 107, im Norden Gran Canarias bei Guía (Di–So 10–17, April–Sept. bis 18 Uhr). Und im nahen Gáldar trifft man auf die spektakulär ausgemalte **Cueva Pintada** › S. 120.

KULTBERG AUF FUERTEVENTURA

Nördlich des Dorfes Tindaya ragt die **Montaña Tindaya** (397 m) auf. Der ockerfarbene, kahle Felsklotz galt den Altkanariern als heilige Stätte. Archäologen haben dort Felsritzungen entdeckt, die an Fußabdrücke erinnern. Der ambitionierte Plan von Eduardo Chillida den Berg auszuhöhlen, um ein »Museum der Leere« zu schaffen, wurde bislang nicht verwirklicht. Seit 2014 darf die Montaña Tindaya nicht mehr bestiegen werden.

PYRAMIDEN AUF TENERIFFA

Unter der Leitung des 2002 verstorbenen norwegischen Ethnologen Thor Heyerdahl entstand in **Güímar** der **Parque Etnográfico** › S. 64, dessen Zentrum mehrere Steinpyramiden bilden. Heyerdahl betrachtete die Pyramiden von Chacona als ein Bindeglied zwischen den ägyptischen und den aztekischen Pyramiden in der Neuen Welt; womöglich dienten sie einem astronomischen Zweck. Bevor sich der Norweger des Phänomens annahm, hielt man die Relikte nur für Lesesteinmauern, wie sie im bäuerlichen Umfeld zu finden sind. Die höchste der wie aztekische Stufenbauten terrassenförmig aufgeschichteten Pyramiden ist etwa 10 m hoch.

Kanarische Archäologen indes bewerten die Ausgrabungen eher zurückhaltend; solange vorspanische Siedlungsspuren nicht eindeutig bewiesen sind, wird den Pyramiden lediglich ein Alter von maximal 200 Jahren zugeschrieben.

BEDEUTENDE ARCHÄOLOGISCHE SAMMLUNGEN

Die herausragenden Sammlungen des Archipels vereint das **Museo Canario** › S. 110 in Las Palmas.

Teneriffas Parademuseum ist das **Museo de Naturaleza y Arqueología,** dessen archäologische Abteilung Kleidung und Werkzeuge, aber auch Mumien und die Begräbniswelt der Guanchen zeigt › S. 61.

- **Museo Canario** 🔲 06
  Calle Dr. Verneau, 2
  Las Palmas de Gran Canaria
  Mo–Fr 10–20, Sa/So 10–14 Uhr
- **Museo de Naturaleza y Arqueología** 🔲 L4
  Calle Fuente Morales
  Santa Cruz de Tenerife
  Di–Sa 9–20, So, Mo, Fei 10–17 Uhr

NATUR & UMWELT

Der erste Eindruck mag ernüchternd sein: Verlässt man das Flugzeug, egal ob in Teneriffa Süd, Gran Canaria oder den halbariden Ostinseln, zeigt sich nackter Boden ohne viel Grün.

Spätestens beim ersten Abstecher ins Inselinnere relativiert sich das Bild der Vegetation aber: Immergrüne Wälder, fruchtbares Kulturland und eine ganzjährig blühende Flora entschädigen für den trostlosen Einstieg. Ausnahmen bilden die vegetationsarmen Inseln Lanzarote und Fuerteventura.

VULKANISCHES ERBE

Der vulkanische Ursprung der Inselgruppe ist unverkennbar. Schroffe Vulkankegel und unwirtliche Aschefelder *(malpaís)* prägen weite Teile der Landschaft. Während die Ostinseln sich vor etwa 20 Mio. Jahren aus dem Atlantik erhoben, wird den Westkanaren ein Alter von weniger als 3 Mio. Jahren attestiert. Die beiden jüngsten Inseln, La Palma und El Hierro, bringen es gerade mal auf 1,5 Mio. Jahre.

So unterschiedlich wie das Alter der Inseln nimmt sich auch deren vulkanische Tätigkeit aus. Auf Fuerteventura liegt der letzte Vulkanausbruch mindestens 7000 Jahre zurück, die wenige Kilometer entfernte Nachbarinsel Lanzarote dagegen wurde noch im 19. Jh. von gewaltigen Eruptionen heimgesucht, die weite Flächen der Insel umgestalteten. Der letzte Vulkanausbruch fand 2011 vor der Küste von El Hierro statt – ein deutliches Zeichen, dass der Archipel noch »in Arbeit« ist.

BARRANCOS & STEILKÜSTEN

Das Alter der Inseln spiegelt sich in der landschaftlichen Ausprägung wider. Auf den Ostinseln hatten die Erosionskräfte genug Zeit, die Bergstöcke, die sich aus weiträumigen Ebenen emporheben, teilweise sanft zu runden. Ganz anders präsentieren sich die Zentral- und Westkanaren. Tief eingeschnittene, kilometerlange Schluchten *(barrancos)* graben sich vom Landesinneren ans Meer. Von Steilstufen und unwegsamen Katarakten unterbrochen, verleihen sie den Inseln einen wild zerklüfteten Charakter. Die bizarre Topografie wird durch Hangtäler abgemildert, die größten darunter – wie das **Valle de Orotava** auf Teneriffa – avancierten aufgrund fruchtbarer Böden und lieblicher Landschaft zu bevorzugten Siedlungsgebieten.

Genauso zerfurcht wie das Inselinnere gestalten sich die Küstenlinien. Von den Ostinseln abgesehen, wo der Meeressaum zum Teil von kilometerlangen Sandstränden eingefasst wird, sind die übrigen Inseln gar nicht so üppig mit natürlichen Stränden ausgestattet, wie mancher Besucher glaubt. Vielfach fällt das Land zum Meer hin steil ab.

DIE NATIONALPARKS

Von ihrer schönsten Seite präsentiert sich die Natur in den insgesamt vier als Nationalparks ausgewiesenen Schutzzonen. Jede soll eine charakteristische Landschaft oder Vegetation bewahren. Größtes und zugleich ältestes spanisches Naturschutzgebiet ist der **Parque Nacional del Teide** auf Teneriffa › S. 68, der mit dem 3718 m hohen Teide im Zentrum und einer ausgefallenen Flora zugleich eine der spektakulärsten Landschaften der Kanaren darstellt. Nicht minder imposant ist der **Parque Nacional de la Caldera de Taburiente** auf La Palma › S. 85. Der bewaldete, mehr als 1600 m tiefe Kraterkessel zeigt sich vom Mirador am Roque de los Muchachos in seiner ganzen Ausdehnung. Fast das gesamte Hochland von La Gomera nimmt der **Parque Nacional de Garajonay** › S. 97 ein, ein Märchenwald wie aus dem Bilderbuch, mit flechtenbehangenen Bäumen und von Moosen gepolsterten Bachufern. Einen Kontrast zu den immergrünen Westkanaren setzt der **Parque Nacional de Timanfaya** auf Lanzarote › S. 142. Zwischen nackten Vulkankegeln, den Feuerbergen, macht sich eine Lavawüste breit, die gerade wegen ihrer Vegetationsfeindlichkeit so faszinierend wirkt.

🗨 DIE VEGETATIONSZONEN

Dem deutschen Naturforscher Alexander von Humboldt gebührt das Verdienst, erstmals die nach Höhenstufen gegliederten Vegetationszonen beschrieben zu haben. Beispielhaft war für Humboldt das Orotava-Tal auf Teneriffa, wo von der Küste bis hinauf in die Hochgebirgsregion des Teide alle Zonen mit einem Blick zu erfassen sind.

Die **Sukkulenten-Formation** der Küstenzone wird von trockenheitsresistenten Euphorbiengewächsen wie der Kandelaberwolfsmilch und der Jubawolfsmilch geprägt. Auf den Westkanaren, v. a. auf La Gomera und La Palma, konnten sich große Bestände des **Lorbeerwaldes** erhalten, eines immergrünen Feuchtwaldes, der mit diversen Baumarten, Sträuchern und Farnen ein einzigartiges Ökosystem bildet. Wo der Lorbeerwald nicht mehr genug Feuchtigkeit vorfindet, hat sich die **Fayal-Brezal-Formation** breitgemacht, die noch über den Passatwolken in Höhen bis zu 1500 m zu finden ist. Die beiden Leitpflanzen dieser Zone sind der Gagelbaum und die auf den Kanaren bis zu 12 m hoch wachsende Baumheide.Eine wichtige Rolle im Wasserhaushalt spielt der **Kiefernwald**. Die endemische Kanarenkiefer holt sich ihr Wasser aus den Wolken. Die Feuchtigkeit bleibt an den bis zu 30 cm langen Nadeln hängen, tropft ab und trägt so dazu bei, die Wasserreserven der Inseln aufzufüllen. Kiefern wachsen in Höhenlagen bis zu 2000 m. Den Unterwuchs der lichten Wälder stellen Schmetterlingsblütler und Zistrosengewächse.

Die **subalpine Hochgebirgszone** oberhalb der Baumgrenze, wo nur noch endemische Sträucher wachsen, ist auf Teneriffa und La Palma beschränkt.

Um den Drachenbaum ranken sich Mythen und Legenden

EINMALIGE FLORA

So unspektakulär sich die Fauna der Kanarischen Inseln darstellt, so beeindruckend ist die Pflanzenwelt. Was im Miozän und Pliozän 45 bis 25 Mio. Jahre vor unserer Zeitrechnung noch im Mittelmeerraum wuchs und inzwischen längst dort ausgestorben ist, blieb auf den Kanaren auf wundersame Weise erhalten. Dank ihrer geografischen Randlage von der letzten Eiszeit so gut wie verschont, konnte auf den Inseln so manche Pflanzenart überleben. Endemisch sind z. B. Kanarische Palme und Kanarische Kiefer.

💬 DRACHENBÄUME

Berühmtester Spross der Kanarenflora ist der Drachenbaum (span. *drago*), ein bis zu 20 m hohes Spargelgewächs, das in Europa sonst nur noch auf Madeira und den Azoren vorkommt. Der Drago war den Ureinwohnern heilig, sein harziger Saft diente ihnen zur Mumifizierung der Toten. Da Drachenbäume keine Jahresringe aufweisen, gab die Altersbestimmung Anlass zur Legendenbildung: Von den Canarios wird der größte Drago in Icod de los Vinos (Teneriffa) tausendjähriger Drachenbaum genannt; Botaniker attestieren den derzeit ältesten Drachenbäumen allerdings höchstens 400 Jahre.

Als ob die Kanarenflora nicht schon exotisch genug wäre, gedeihen in Parks, Patios und an Straßenrändern subtropische Ziergewächsen aus aller Welt. Gleich ins Auge springen besonders farbenprächtige Bougainvilleen, baumhohe Weihnachtssterne, grell orangerote Feuerbignonien und süßlich duftender Oleander. Viele öffentliche Plätze werden von riesigen Gummibäumen beschattet, für hübsche Farbakzente sorgen taubenblau blühende Jacarandabäume und leuchtend rote Afrikanische Tulpenbäume.

Den verschiedenen Vegetationszonen > S. 43 entsprechend ändert sich auch der Pflanzenbewuchs. Spektakulärste Pflanze der subalpinen Hochgebirgszone ist der Rote Teide-Natternkopf mit mannshohen Blütenkerzen im Juni.

UMWELTPROBLEME

Der Fremdenverkehr brachte den Canarios zwar mit den höchsten Lebensstandard innerhalb Spaniens ein, erkauft wurde der neue Wohlstand allerdings mit steigenden Lebenshaltungskosten sowie mancherorts zugebauten Küsten und zunehmenden Emissionsbelastungen (vor allem CO_2). Gestiegen ist auch der Wasserbedarf auf den Inseln, verursacht durch den Tourismus und noch mehr durch die künstliche Bewässerung der Plantagenwirtschaft und das rapide Bevölkerungswachstum. Die ohnehin niederschlagsarmen Inseln im Osten des Archipels wären ohne Meerwasserentsalzungsanlagen gar nicht mehr lebensfähig.

GRATIS ENTDECKEN

- In dem frei zugänglichen archäologischen Gelände **Cuatro Puertas** (Gran Canaria) wohnten die kanarischen Ureinwohner in Höhlen und versammelten sich an Kultplätzen. Spektakulär ist hier auch die Aussicht. > S. 41
- Der **Parque García Sanabria** in Santa Cruz de Tenerife glänzt mit altem Baumbestand, einem exotischen Bambushain und einer zauberhaften Blumenuhr, der Eintritt ist frei. > S. 63
- Vom **Mirador de las Playas** in El Hierros Hochland genießt man eine ebenso imposante wie schwindelerregende Aussicht auf die 1000 Meter unterhalb gelegene Ostküste. > S. 104
- Die umfassendste Sammlung kanarischer Flora besitzt der **Jardín Botánico Canario** vor den Toren von Las Palmas de Gran Canaria, der Eintritt ist frei. > S. 114
- In der **Casa Museo Unamuno** in Puerto del Rosario kann man sich auf Spuren des nach Fuerteventura verbannten spanischen Schriftstellers und Philosophen Miguel de Unamuno begeben, der Eintritt ist frei. > S. 129
- Im Nationalpark Timanfaya werden kostenlose, von Parkrangern geführte Wanderungen durch die Feuerberge Lanzarotes angeboten. Für die sehr beliebte **Tremesana-Tour** sollte man sich allerdings zeitig anmelden. > S. 143

Ein jährlich wiederkehrendes Problem sind Waldbrände, im bisweilen sehr unwegsamen Gelände sind Löscharbeiten auch oft schwierig. 2016 z. B. wurden auf La Palma etwa 5000 ha Wald vernichtet. Schon eine achtlos weggeworfene brennende Zigarette oder eine Glasflasche (Brennglaseffekt) können verheerende Auswirkungen haben!

KUNST & KULTUR

ARCHITEKTUR

Mancher Stadtkern der kolonialen Epoche blieb fast in Reinkultur erhalten, wie **Vegueta** › S. 110 in Las Palmas de Gran Canaria, die alte Hauptstadt **Teguise** › S. 143 auf Lanzarote und die in die UNESCO-Weltkulturerbeliste aufgenommene Altstadt von **La Laguna** › S. 74 auf Teneriffa.

Bei den prunkvollen Herrenhäusern und Adelspalästen aus dem 17. und 18. Jh. mischen sich andalusisch-maurische Einflüsse mit kanarischen Elementen. Die Fassaden aus behauenem Vulkangestein zieren massive Holzportale und verspielte Balkone. Innen verbirgt sich ein großzügiger, von einer Holzgalerie eingefasster Patio. Stilbildende Elemente wie der kanarische Balkon sind heute wieder modern.

Die Sakralarchitektur besticht durch prächtige Renaissanceportale und holzgetäfelte Decken *(artesonado)* im Mudéjar-Stil.

Avantgardistische Akzente setzen Stararchitekten wie Santiago Calatrava – mit dem postmodernen **Auditorio de Tenerife** › S. 62 in Santa Cruz schuf der Spanier Anfang des 21. Jhs. ein neues Wahrzeichen der Kanaren. Das Schweizer Büro Herzog & de Meuron plante die Umgestaltung der **Plaza de España** › S. 61 von Teneriffas Hauptstadt, und Teneriffas Süden glänzt mit extravaganter moderner Hotelarchitektur.

MALEREI

Als eines der wenigen Zeugnisse des vorspanischen Kunstschaffens blieben auf Gran Canaria die Höhlenmalereien der **Cueva Pintada** in Gáldar erhalten › S. 120. Die in weichen Erdtönen aufgetragenen geometrischen Muster sind auf den Kanaren einzigartig.

Einer der bedeutendsten Vertreter der kanarischen Malerei der Moderne ist der auf Gran Canaria geborene **Néstor Martín Fernández de la Torre** (1887–1938). Der dem Symbolismus nahe stehende Künstler wurde vor allem durch großflächige Wandbilder bekannt, die z. B. das Teatro Pérez Galdós in Las Palmas schmücken. Zu internationalem Renommee brachte es der Lanzaroteño **César Manrique** (1919–1992). Die plastischen, architektonischen und landschaftsgestaltenden Werke des Allroundtalents sind über den ganzen Archipel verteilt. Eine private Stiftung bewahrt sein Erbe.

Kunstvoller Garten von César Manriques ehemaligem Wohnhaus in Tahiche, Lanzarote

FOLKLORE & BRAUCHTUM

Fiestas sind ein willkommenes Podium für Folklore- und Trachtengruppen, die traditionelle Tänze und altes Liedgut zum Besten geben. Für den Rhythmus sorgen Trommeln, Kastagnetten und die Timple, eine kanarische viersaitige kleine Laute.

Zu einer Fiesta gehört auch die **Lucha Canaria,** ein auf die Ureinwohner zurückgeführter, bis heute populärer Volkssport. Bei diesem Mannschaftskampf besteht jedes Team aus zwölf Ringern, gekämpft wird in einer kreisrunden, mit Sand ausgelegten Arena *(terrero)* von etwa 10 m Durchmesser. Die Regeln sind einfach: Gewonnen hat, wer den Gegner innerhalb von drei Runden zweimal zu Boden zwingt.

KUNSTHANDWERK

Fast auf allen Inseln wird nach Guanchenart Gebrauchskeramik ohne Töpferscheibe hergestellt: der mit einer Ausgusstülle versehene Milchkrug *(tarro)* oder die Schüssel zur Gofioherstellung *(tostadora)*. Von Insel zu Insel variieren Techniken und Formen: Auf La Palma wird die typisch schwarze Töpferware gebrannt, die El-Cercado-Keramik von La Gomera erhält durch sienarote Tonerde ihre typische Glasur.

Wichtigstes Kunsthandwerk ist die Stickerei. Auf allen Inseln fertigt man arbeitsintensive Hohlsaumstickereien *(calados)* an. In Stickereischulen wie in Lajares auf Fuerteventura und in La Orotava auf Teneriffa wird die Kunstfertigkeit an den Nachwuchs weitergegeben. Für seine Roseta-Stickereien berühmt ist das Dorf Vilaflor auf Teneriffa.

FESTE & VERANSTALTUNGEN

Der Festkalender der Canarios orientiert sich am katholischen Kirchenjahr. Mit Prozessionen, Umzügen, Wettkämpfen und einem Feuerwerk als krönendem Abschluss begehen die größeren Orte den Namenstag ihres Schutzpatrons.

DIE SCHÖNSTEN MÄRKTE

- Der **Mercado Nuestra Señora de África** (Santa Cruz de Tenerife) lohnt vor allem sonntags, wenn neben dem Wochenmarkt auch ein riesiger Flohmarkt abgehalten wird. > S. 62
- Der **Sonntagsmarkt in Argual** (La Palma) bietet eine Mischung aus Trödel und Kunsthandwerk, immer viel los ist bei den Vorführungen eines Glasbläsers. > S. 86
- Am **Bauernmarkt in Puntagorda** (La Palma) werden nur Inselprodukte verkauft, Obst und Gemüse sind sehr günstig. > S. 87
- Typisch kanarische Spezialitäten kann man jeden Sonntag auf dem **Mercadillo** rund um die Basilika von **Teror** (Gran Canaria) probieren. > S. 120
- Auf dem **Mercado Agrícola in Vega de San Mateo** (Gran Canaria) decken sich die Canarios mit frischem Grünzeug und Blumen sowie mit lokalen Käsespezialitäten ein. > S. 121
- Auf dem **Donnerstagsmarkt in Jandía** (Fuerteventura) darf mit afrikanischen Händlern um den Preis gefeilscht werden. > S. 132

FESTKALENDER

Januar: Am 5.1. und 6.1.Einzug der **Heiligen Drei Könige** in vielen Inselorten, am Dreikönigstag ist Weihnachtsbescherung im Familienkreis.

Januar/Februar: Beim **Festival de Música de Canarias** in Santa Cruz de Tenerife und Las Palmas de Gran Canaria dreht sich alles um die klassische Musik (www.festivaldecanarias.com).

Februar: In Puntagorda auf La Palma wird zur Zeit der Mandelblüte die **Fiesta del Almendro en Flor** mit Dichterlesungen, viel Folkore und Salsa-Musik gefeiert; auch in Tejeda und Valsequillo (Gran Canaria).

Februar/März: Karnevalszeit! Höhepunkte sind die Wahl der Karnevalskönigin, farbenprächtige Umzüge sowie **Entierro de la sardina**, die »Beerdigung der Sardine« am Aschermittwoch. Karnevalshochburgen sind Santa Cruz/Teneriffa, Las Palmas/Gran Canaria und Santa Cruz/La Palma. > mehr S. 12 Punkt ❸

März/April: Karwoche (Semana Santa) mit Prozessionen, besonders eindrucksvoll mit Bruderschaften in La Laguna auf Teneriffa. > mehr S. 15 Punkt ㉒

Juni: Fronleichnamsprozessionen über kunstvolle Straßenteppiche aus Vulkanerde und Blumen, eingefärbtem Salz und gerösteten Blättern.

Juli: Alle vier Jahre (nächster Termin: 2021) wird auf El Hierro die Wallfahrt **Bajada de la Virgen de los Reyes** abgehalten. Auf La Palma findet alle fünf Jahre (nächster Termin: 2020) die **Bajada de la Virgen de las Nieves** statt, eine der bedeutendsten Wallfahrten des Archipels › S. 88.

August: Am 4.8. soll in Agaete auf Gran Canaria die **Bajada de la Rama** mit großem Umzug für Regen sorgen. Am 14./15.8. wird mit der **Romería de la Virgen de Candelaria** auf Teneriffa die Schutzpatronin der Kanaren gehuldigt. Die **Romería de San Roque** am 16.8. in Garachico zählt zu den typischsten Wallfahrten von ganz Teneriffa, mit Volksfestcharakter; besonders groß wird sie alle fünf Jahre begangen (nächster Termin: 2020). Am 24.–29.8. wird in Arrecife auf Lanzarote **San Ginés** mit einem großen Volksfest gefeiert.

September: Fiesta del Diablo, »Teufelsfest« am 7./8.9. in Tijarafe auf La Palma. Am 8.9. großes Pilgerfest zu Ehren der **Virgen del Pino,** der Schutzpatronin Gran Canarias, in Teror. Am 3. Sa im Monat feiert Fuerteventura die **Fiesta de la Virgen de la Peña** in Vega de Río de las Palmas.

November: Gegen Monatsende werden in den Weinbauregionen der Inseln › **Seitenblick S. 52,** insbesondere auf Teneriffa, **Fiestas de San Andrés** mit jungem Wein und Kastanien gefeiert.

ESSEN & TRINKEN

Um es gleich vorwegzunehmen: Mit der kanarischen Kost sind keine Sterne zu gewinnen, sie ist eine eher bodenständige Landküche, die von dem lebt, was Insel und Meer hergeben.

DEFTIGE EINTÖPFE

Als Vorspeise sei eines der leckeren Eintopfgerichte, der *puchero,* empfohlen. Neben diversen Gemüse- und Fleischsorten schwimmen in der Terrine auch Kichererbsen. Seine sämige Konsistenz gewinnt der gehaltvolle *Puchero Canario* durch den mehligen Gartenkürbis, der Safran sorgt für die besondere Note. Auch Süßkartoffeln machen den *Puchero* sämig, Chorizo und Speck sorgen für einen rauchigen Geschmack.

Wer es zum Auftakt nicht ganz so deftig mag, sollte die meist vorzügliche Brunnenkressesuppe *(potaje de berros)* probieren.

TYPISCH KANARISCH

Beim Hauptgang dreht sich alles um den Fisch, der auf einer heißen Platte gebraten und immer zusammen mit einer feurigen Tunke *(mojo)* und den obligatorischen Schrumpelkartoffeln *(papas arrugadas)* serviert wird. Originell ist ihre Zubereitungsart: Man lässt sie mitsamt Schale in Salzwasser garen, bis die Flüssigkeit verdunstet ist und sich das Salz als weiße Kruste auf den Schalen abgesetzt hat. Flache Steine auf dem Topfboden verhindern das Anbrennen. › mehr S. 15 Punkt **20** Der meist hausgemachte *mojo* kommt in zwei Varianten auf den Tisch: rot und scharf mit Chili *(mojo rojo)* oder grün und etwas milder mit Koriander *(mojo verde).*

Beim kanarischen Mojo hat man die Wahl zwischen scharf (rot) und mild (grün)

FLEISCHKLASSIKER

Von zwei Ausnahmen abgesehen hat die Fleischküche keine eigenständigen Spezialitäten anzubieten. Ein Klassiker ist Kaninchen *(conejo salmorejo)*, über Nacht in einer pikanten Soße mariniert und am nächsten Tag im Tontopf geschmort. Wegen des hohen Bedarfs werden Kaninchen als Tiefkühlware importiert, während das Ziegenfleisch *(carne de cabra)* garantiert von den Inseln stammt. Es wird meist als Gulasch zubereitet; als besondere Spezialität gilt Zicklein *(carne de cabrito)*.

GOFIO & KÄSE

Als Reminiszenz an die Küche der Ureinwohner konnte sich *gofio* behaupten. Der nahrhafte Getreidebrei, für den ursprünglich geröstete Gerste vermahlen wurde, wird heute vornehmlich aus Weizen oder Mais hergestellt und ungekocht verzehrt – als herzhafte Suppeneinlage ebenso wie als süßes Konfekt. Die ausgefallene Vollwertkost ist ein wenig gewöhnungsbedürftig.

Probieren sollte man auf jeden Fall den überall angebotenen Ziegenkäse. Je nach Reifegrad kann zwischen Frischkäse *(queso fresco)*, halbweichem Schnittkäse *(semi tierno* und *semi curado)* und dem mindestens zwei Monate gereiften parmesanartigen Hartkäse *(queso duro)* gewählt werden; beliebt ist auch eine leicht geräucherte Variante *(queso ahumado)*. Eine auf den Norden Gran Canarias beschränkte, aber berühmte Delikatesse stellt der Blütenkäse *(queso de flor)* dar: Die Milch wird hierbei mit dem Saft einer wild wachsenden Artischocke dickgelegt und gewinnt so ein einzigartiges Aroma.

EINFLÜSSE VOM FESTLAND

Dass die Kanarischen Inseln ein Teil Spaniens sind, kommt auch in der Küche zum Ausdruck, etwa durch den verschwenderischen Umgang mit Olivenöl und Knoblauch. Dazu bereichern die von Einwanderern mitgebrachten Rezepte wie Paella, Gazpacho oder Tortilla den Speiseplan. Für Abwechslung sorgen zudem Tapas, Appetithäppchen für den kleinen Hunger, die in speziellen Tapasbars am Tresen stehend verzehrt werden.

KAFFEE, WEIN & HOCHPROZENTIGES

Die Canarios genießen Kaffee auf spanische Art: stark und schwarz aus der Minitasse als *café solo* oder hell und süß als *café cortado*. Touristen bevorzugen eher Milchkaffee (*café con leche*); Espresso, Latte macchiato und Co. konnten noch nicht überall Fuß fassen.

Kanarische Weine › S. 52 machen in jüngerer Zeit verlorenen Boden wieder gut, neue Rebsorten behaupten sich erfolgreich gegen die Importware: Aus Lanzarote kommt z. B. fruchtig-frischer Rosé oder der bernsteinfarbene Moscatel, während in Teneriffas Norden trockene Rotweine mit Herkunftsbezeichnung (D. O.) gekeltert werden.

Als Relikt aus der Ära des Zuckerrohrs wird auf Gran Canaria ein hochprozentiger Rum destilliert und zum Teil mit Honig verfeinert (*ron miel*). Süß, lecker und ein gern gekauftes Mitbringsel ist der süße Bananenlikör (*crema de banana*) aus Teneriffa.

DIE BESTEN FISCHLOKALE

- In Los Abrigos (Teneriffa) hat man die Qual der Wahl. Gut aufgehoben ist man im **Restaurante Los Abrigos,** das direkt über der Mole fangfrische Fische und Meeresfrüchte serviert. › S. 65
- Die **Casa Pancho** hält bereits seit fast 50 Jahren an der Playa de la Arena (Teneriffa) die Stellung. Nach wie vor *das* Fischlokal an der Westküste. › S. 70
- Der **Kiosco Montecarlo** in Puerto de Tazacorte (La Palma) profitiert wie auch die benachbarten Lokale vom Fischerhafen in unmittelbarer Nähe. Tolle Lage an der Strandpromenade. › S. 87
- Im **La Marinera** in Las Palmas (Gran Canaria) sitzt man wunderbar in einem Pavillon auf der Promenade am Ende des Canteras-Strandes, der fangfrische Fisch wird nach Gewicht berechnet, zudem sind Hausmenüs und Paellas auf der Karte. › S. 114
- Im **La Proa – Casa Reyes** in Meloneras (Gran Canaria) gibt es frischen Fisch. Zu den Spezialitäten gehört Paella mit Meeresfrüchten. › S. 117
- Im Fischlokal **La Lapa** (»die Napfschnecke«) in El Golfo (Lanzarote) wird schnörkellos zubereitetes Seafood in einfachem Ambiente und ungezwungener Atmosphäre direkt am Meer geboten. Sehr beliebt bei Sonnenuntergang. › S. 141

MALVASIER & MUSKATELLER

Kanarische Weine haben eine lange Geschichte, die kretische Malvasier-rebe erreichte bereits vor 400 Jahren die »Glücklichen Inseln«. Der fortan auf den vulkanischen Böden gereifte schwere »Canary sack« (eine englische Verballhornung für den trockenen Wein – *canario seco*) genoss einst Weltgeltung und wurde von Shakespeare ebenso geschätzt wie von Voltaire oder von Casanova.

Die Reblaus und der aus Amerika eingeschleppte Mehltau setzten im 19. Jh. den kanarischen Winzern allerdings arg zu. Erst in den letzten Jahren konnten die Anbaugebiete wieder erweitert werden. Und mit der Umstellung auf leichte Weiß- und Rotweine gelang es auch, dem modernen Zeitgeschmack gerecht zu werden.

REBLAGEN

Teneriffa verfügt mit rund 8000 ha über die größte Weinanbaufläche auf den Kanaren. Aus **Tacoronte** kommt der Tinto maceración, ein perlend prickelnder Rotwein. Fruchtige Weißweine wie der Flor de Chasna werden im trockeneren Inselsüden um **Arico** gekeltert. An den klimatisch begünstigten Steillagen im Süden von La Palma reift der süße Malvasier; die Region **Hoyo de**

Typische Rebkulturen mit Windschutzmauern in Lanzarotes Weinbaugebiet La Gería

Mazo an der Ostküste ist für ihre erdigen Rotweine bekannt.

Lanzarotes Weinregion **La Gería** nahe den Feuerbergen wurde durch eine besondere Anbautechnik berühmt: Die windgeschützt in trichterförmige Mulden eingelassenen Rebstöcke sind Teil einer überaus ästhetisch wirkenden Kulturlandschaft.

QUALITÄTSSIEGEL

Die kanarischen Weine haben eine geschützte Herkunftsbezeichnung (*Denominación de Origen*, D.O.) – ein Kontrollrat überwacht die Herstellung vom Anbau bis zur Abfüllung und garantiert, dass die Weine auch tatsächlich auf den Kanarischen Inseln angebaut und produziert wurden.

DIE BESTEN BODEGAS

- **Bodegas Teneguía** ▥ C 4
  Die Kellerei an der jungvulkanischen Südspitze von La Palma ist für ihren *Malvasía dulce* bekannt – der bernsteinfarbene Dessertwein mundet fast so süß wie ein Likör. Die moderne Produktionsanlage ist wochentags zu besichtigen; Weinverkauf ab Hof.
  Los Canarios | La Palma
  Tel. 922 44 40 78
  www.bodegasteneguia.com
- **Bodegas Monje** ▥ K 4
  Die Vorzeigebodega bewirtschaftet lediglich 14 ha, dafür werden erlesene Spitzenweine gekeltert. Besonders stolz ist der Familienbetrieb auf den roten Monje de Autor. Geöffnet tgl. 10–19 Uhr, Führungen 11, 13, 15 und 17 Uhr.
  El Sauzal | Teneriffa | Tel. 922 58 50 27
  www.bodegasmonje.com

Die Casa del Vino Tenerife informiert in einem traditionellen Gutshaus über Weinbau auf Teneriffa – inklusive Verkostung

- **Bodega El Chupadero** ▥ X 4
  Bodega und Finca mit Restaurant. In der urigen Weinpinte gibt es zum guten Hauswein kleine Gerichte. › **mehr S. 15 Punkt ⑱**
  An der Straße zwischen Masdache und Uga | La Geria, 3 | Lanzarote
  Tel. 928 17 73 65

WEINMUSEEN

Wer sich für die kanarischen Weine interessiert, dem ist der Besuch der **Bodegas El Grifo** › S. 140 in Masdache (Lanzarote) zu empfehlen, ebenso jener der **Casa del Vino de Tenerife** in El Sauzal (Teneriffa, Tel. 922 57 25 35, www.casadelvino tenerife.com; Di–Sa 10–20, So/Fei 10–18 Uhr). Hier steht im Patio eine alte Weinpresse, Exponate und ein Film informieren über die Weinregionen der Insel. Eine Probierstube und ein Feinschmeckerlokal sind angeschlossen (Di–Sa 10.30–23, So 10.30–18.30 Uhr).

San Bartolomé de Tirajana im
Bergland von Gran Canaria

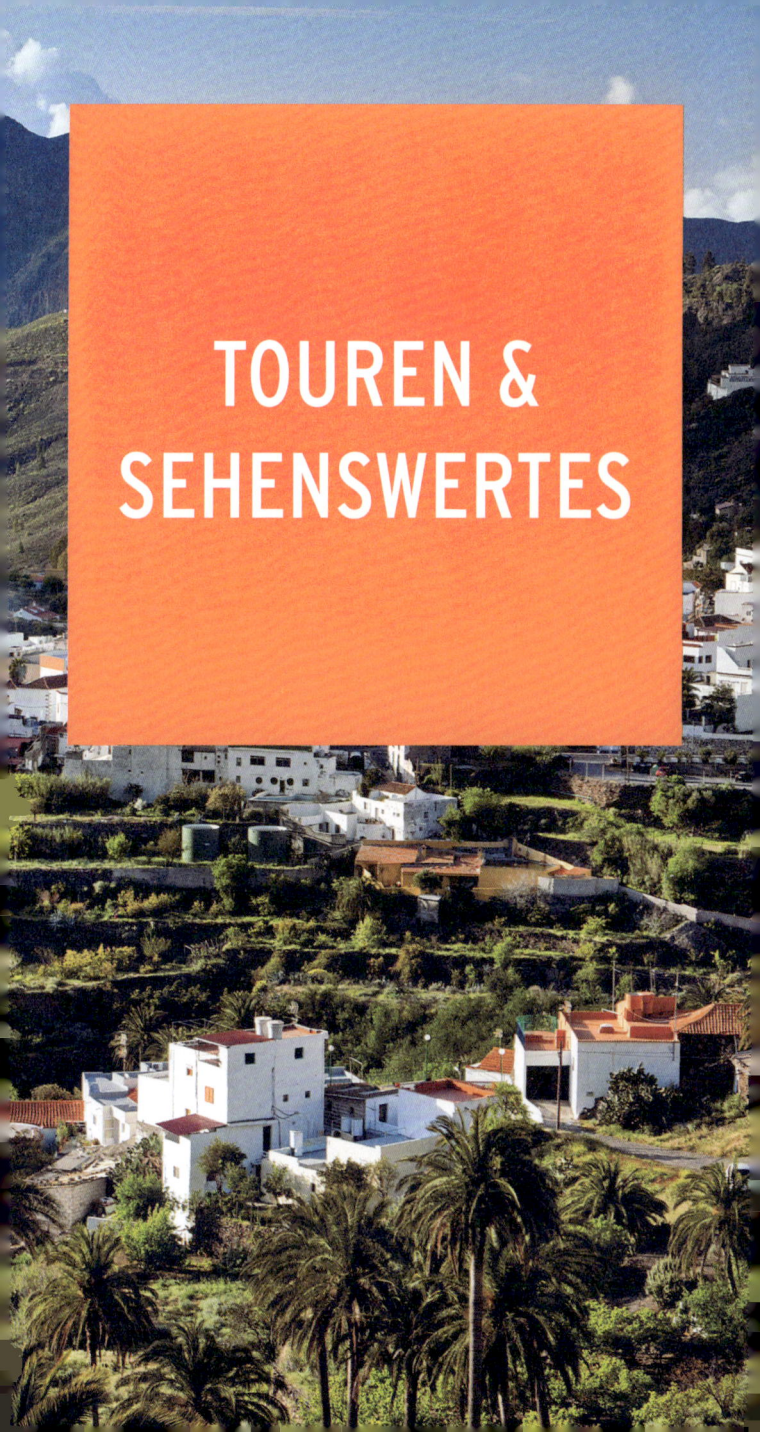

TOUREN & SEHENSWERTES

TENERIFFA

Auf Schusters Rappen im Nationalpark Teide am Roque Cinchado

Grandiose Naturräume wie die Cañadas, das Anagagebirge und das Tenomassiv kontrastieren mit den quirligen Ferienstädten im Süden. Teneriffa ist die größte der Kanarischen Inseln und besitzt mit dem 3718 m hohen Teide auch den höchsten Berg.

Das Relief Teneriffas zeigt sich erstaunlich vielgestaltig. Tief erodierte Täler, bizarre Vulkanlandschaften mit dem höchsten Berg Spaniens und eine durch die Randlage einmalige Flora mit archaischen Drachenbäumen und Resten tertiärer Lorbeerwälder – das alles macht die größte Insel des Kanarischen Archipels zu einem Naturerlebnis.

Viel Sonne bescherte dem Süden einen Touristenboom: Etwa zwei Drittel der Besucher Teneriffas zieht es in die Badeorte an der Süd- und Südwestküste. Gewachsene Strukturen dürfen hier allerdings nicht erwartet werden, Las Américas ist genauso eine Retortenstadt wie das noble Costa Adeje nebenan oder Los Gigantes an der Westküste.

Deutlich mehr Flair verspricht Puerto de la Cruz im Norden der Insel. Prunkvolle Sakralbauten und prächtige Bürgerpaläste erinnern an die koloniale Epoche und in der Altstadt laden Gassen zum Bummeln ein. Der traditionsreiche Ferienort am Rande des Orotava-Tals ist zudem Ausgangspunkt für Ausflüge in die Landstädtchen im Umland oder in die UNESCO-Weltkulturerbe-Stadt La Laguna. Auch die Wandergebiete im Tenomassiv und im Anagagebirge sind schnell erreichbar.

Abgesehen vom Aufenthalt am oder im Wasser ist Wandern beliebtester Sport auf Teneriffa. Das bergige Terrain zieht Mountainbiker an, Golfer haben die Wahl zwischen neun attraktiven Parcours.

TOUREN IN DER REGION

1

INS ANAGAGEBIRGE

ROUTE: La Laguna > Anagagebirge > Taganana > San Andrés > Playa de las Teresitas > Santa Cruz de Tenerife

KARTE: Seite 58
DAUER: 1 Tag; Fahrstrecke: 42 km
PRAKTISCHER HINWEIS:
• Um eine möglichst gute Sicht zu haben, sollte man frühzeitig am Morgen aufbrechen, da häufig bereits gegen Mittag aufziehende Passatwolken den ca. 1000 m hohen Anaga-Bergrücken einhüllen.

TOUR-START:

Nordöstlich der alten Hauptstadt **La Laguna** 19 › S. 74 überrascht das Anagagebirge mit immergrünem Lorbeerwald und einer auf dem Grat entlangführenden Panoramastraße, die von zahlreichen Miradores atemberaubende Ausblicke bietet. Lohnend ist die Fahrt hinunter ins Dorf **Taganana**, das sich mit terrassierten Feldern, Orangenhainen sowie Dragos malerisch präsentiert. Zurück über den Kamm geht es nach **San Andrés.** Das malerische Fischerdorf kann mit einem der besten Strände der Insel aufwarten: der mit Saharasand angelegten **Playa de las Teresitas.** Die Küstenhauptstraße TF-11 führt von dort nach **Santa Cruz** 1 › S. 61, von wo man nach La Laguna zurück bzw. ins Urlaubsdomizil fahren kann.

TOUR 2

AUF SPANIENS HÖCHSTEN GIPFEL

ROUTE: La Orotava › Aguamansa › El Portillo › Pico del Teide

KARTE: Seite 58
DAUER: 1 Tag; Fahrstrecke: 38 km
PRAKTISCHER HINWEIS:
- Zur Besteigung ist eine Genehmigung nötig, erhältlich nur unter www.reservasparquesnacionales.es. Diese bezieht sich auf den letzten Abschnitt La Rambleta – Gipfel (Wanderweg Telesforo Bravo).

TOUREN AUF TENERIFFA

TOUR ❶

INS ANAGAGEBIRGE

La Laguna › Anagagebirge › Taganana › San Andrés › Playa de las Teresitas › Santa Cruz de Tenerife

TOUR ❷

AUF SPANIENS HÖCHSTEN GIPFEL

La Orotava › Aguamansa › El Portillo › Pico del Teide

TOUR ❸

LANDSTÄDTCHEN IM NORDEN

Puerto de la Cruz › Icod de los Vinos › Garachico (› Punta de Teno) › Masca › Santiago del Teide › Puerto de la Cruz

TOUR-START:

Die klassische Auffahrt beginnt in **La Orotava** `17` › S. 72. Auf 1000 m Höhe markiert **Aguamansa** die Siedlungsgrenze und ist Ausgangspunkt für Wanderungen in die Umgebung. **El Portillo** bildet den nördlichen Zugang zum **Nationalpark Teide** `11` › S. 68, in die Cañadas genannte Vulkanlandschaft. Die von bis zu 500 m hohen Felsen eingefasste Caldera ähnelt einem Amphitheater. Am Westrand erhebt sich der alles überragende **Pico del Teide** (3718 m). Mit der Seilbahn kann man bis auf 3550 m hochfahren, für das letzte Stück auf dem gut ausgebauten Wanderweg zum Gipfel benötigt man etwa 30 Minuten.

Im Hafenstädtchen Garachico

TOUR 3

LANDSTÄDTCHEN IM NORDEN

ROUTE: Puerto de la Cruz › Icod de los Vinos › Garachico (› Punta de Teno) › Masca › Santiago del Teide › Puerto de la Cruz

KARTE: Seite 58
DAUER: 1 Tag; Fahrstrecke: 70 km
PRAKTISCHER HINWEIS:
• Masca besucht man am besten in aller Früh oder am späten Nachmittag, dann ist das Dorf nicht so von Tagesausflüglern überlaufen.

TOUR-START:

Von **Puerto de la Cruz** `18` › S. 73 folgt man der Straße nach **Icod de los Vinos** `16` › S. 71, wo im Parque del Drago berühmte Drachenbaum steht. Über die Küstenstraße geht es dann nach **Garachico** `15` › S. 70. In dem Städtchen kann man durch die Altstadt bummeln und am alten Hafen einkehren. Abenteuerlich ist die am Fuß des Tenomassivs verlaufende Straße (zzt. wegen Erdrutsch- und Steinschlaggefahr gesperrt) zum Leuchtturm an der Punta de Teno, von wo man bis Los Gigantes schauen kann. Von Buenavista fährt man dann auf einer schmalen Straße nach **Masca** `14` › S. 70 und, nach einer Stärkung im Bergdorf, mit tollem Teide-Blick über **Santiago del Teide** `13` › S. 70 zurück.

UNTERWEGS AUF TENERIFFA

SANTA CRUZ DE TENERIFE 1 📖 L4

Mit 205 000 Einwohnern ist Teneriffas Hauptstadt die zweitgrößte Stadt der Kanaren. Sie ist Verwaltungs- und Dienstleistungszentrum, bedeutende Hafenstadt für Fracht-, Fähr- und Kreuzfahrtschiffe sowie kultureller Mittelpunkt der Insel. Zu Letzerem hat das moderne Auditorio de Tenerife einen wichtigen Beitrag geleistet, das schnell zu einem Wahrzeichen avancierte. Großzügige Plätze und Grünanlagen schaffen einen Kontrapunkt zur hohen Verkehrsdichte in der Stadt.

ZUR MARKTHALLE

Ausgangspunkt der Tour ist die Plaza de España, wo sich das Monumento de los Caídos A erhebt, das an im Spanischen Bürgerkrieg gefallene Tinerfeños erinnert. Der Platz wurde nach Plänen der Architekten Herzog & de Meuron umgestaltet und durch einen kleinen Salzwassersee aufgewertet, an dessen Ufer sich das Touristenbüro › S. 63 befindet. An die zentrale Plaza grenzt der durch den Uhrenturm monumental wirkende Palacio Insular B, in dem die Inselregierung tagt.

Westlich schließt sich die autofreie Plaza de la Candelaria an. Die Inselheilige überblickt aus luftiger Höhe von der Spitze eines Marmorobelisken den Platz. Ihr zu Füßen

stehen vier in Stein gehauene Guanchenherrscher. Eines der schönsten Herrenhäuser ist der Palacio de los Carta C im Norden des Platzes. Der Prachtbau aus dem frühen 18. Jh. ist zzt. nur von außen zu besichtigen.

Über die Calle de Candelaria gelangt man zur Iglesia Nuestra Señora de la Concepción D, der ältesten Kirche der Stadt. Sie wurde kurz nach der Stadtgründung einschiffig erbaut, brannte 1652 aus und wurde nach und nach zu einem fünfschiffigen Bau erweitert. Vom Ausguck auf dem Glockenturm wurde einst die Küste überwacht. Im Inneren beeindruckt unter der kunstvollen Mudéjardecke der barocke Hochaltar von Luján Pérez.

Unweit der Kirche befindet sich das Museo de Naturaleza y Arqueología E – eines der bedeutendsten Museen der Kanaren. Das integrierte Archäologische Museum informiert über die Lebensweise der Guanchen. Eine naturkundliche Abteilung im selben Gebäude dokumentiert Fauna und Flora der atlantischen Gewässer (Eingang Calle Fuente Morales, s/n, www.museosdetenerife.org, Di–Sa 9–20, So/Mo/ Fei 10–17 Uhr, Eintritt 5 €).

Ganz in der Nähe liegt das Tenerife Espacio de las Artes (TEA) F. Das Kunst- und Kulturzentrum beherbergt das Instituto Óscar Domínguez, das die surrealistischen Werke des berühmten grancanarischen Malers zeigt. In dem postmodernen Bau von Herzog & de Meuron ist auch ein Zentrum für Fotografie ansässig (Avenida de San Sebastián, 10, www.teatenerife.es; Di–So 10–20 Uhr, Eintritt 7 €).

Den **Mercado Nuestra Señora de Africa** Ⓖ sollte man am frühen Vormittag besuchen (Mo–Sa 6–14, So 7–14 Uhr). In den Marktcafés kann man einen Kaffee genießen. Am Sonntagmorgen findet ein großer Flohmarkt neben der Markthalle statt.

ZUR PLAZA DEL PRÍNCIPE DE ASTURIAS

Zurück über das ausgetrocknete Bett des Barranco de Santos passiert man eines der wichtigsten Kulturforen der Stadt, das **Teatro Guimerá** Ⓗ. In dem Theater, benannt nach dem in Santa Cruz geborenen Dramatiker Ángel Guimerá (1847 bis 1924), werden auch Kabarett und Musikshows aufgeführt (www.teatroguimera.es).

Im ehemaligen Franziskanerkonvent an der **Plaza del Príncipe** gewährt das **Museo Municipal de Bellas Artes** Ⓘ Einblick ins lokale Kunstschaffen (Eingang Calle José Murphy, 12; Di–Fr 10–20, Sa/So bis 15 Uhr, Eintritt frei). › mehr S. 16 Punkt ㉓ In der Klosterkirche **Iglesia San Francisco** Ⓙ, die mit einer kunstvollen Holzdecke und einem Barockaltar ausgestattet ist, werden häufig Orgelkonzerte gegeben. Schließlich sollte man noch einen Blick auf den **Circulo de Amistad XII de Enero** Ⓚ werfen. Der Prachtbau schwelgt in eklektizistischem Stil.

AUF DER CALLE CASTILLO

Die Einkaufsmeile **Calle Castillo** mündet auf die von klassizistischen Bauten umschlossene **Plaza Weyler**. Die Mitte ziert der marmorne **Fuente del Amor**, der löwenköpfige Wasserspender wurde von Achille Canessa geschaffen. In der **Capitanía General** (Militärkommandantur) an der Westseite brütete Franco 1936 seine Putschpläne aus.

Eine Augenweide sind die gefliesten Bänke mit Werbemotiven der 1920er-Jahre an der nördlich der Plaza Weyler gelegenen **Plaza del 25 de Julio,** eine Oase der Ruhe ist der nahe Stadtpark **Parque García Sanabria,** wo man unter Schatten spendenden Bäumen aus aller Welt spazieren kann.

AM SÜDLICHEN STADTRAND

Im aufstrebenden Viertel Cabo Llanos erhebt sich am Meer, neben dem Castillo de San Juan, das futuristische **Auditorio de Tenerife** Ⓛ

Ⓐ Monumento de los Caídos
Ⓑ Palacio Insular
Ⓒ Palacio de los Carta
Ⓓ Iglesia Nuestra Señora de la Concepción
Ⓔ Museo de Naturaleza y Arqueología
Ⓕ Tenerife Espacio de las Artes (TEA)
Ⓖ Mercado Nuestra Señora de Africa
Ⓗ Teatro Guimerá
Ⓘ Museo Municipal de Bellas Artes
Ⓙ Iglesia San Francisco
Ⓚ Circulo de Amistad XII
Ⓛ Auditorio de Tenerife »Adán Martín«
Ⓜ Palmetum

(www.auditoriodetenerife.com). Der elegante Bau von Santiago Calatrava ist Bühne vieler Kulturevents. Westlich des Auditoriums eröffnete 2014 das **Palmetum** , ein opulenter Palmengarten (Avda. de la Constitución, 5, www.palmetumtenerife.es; tgl. 10–18 Uhr, Eintritt 6 €). › mehr S. 17 Punkt 32

INFOS
Oficina de Información Turística
- Plaza de España | Santa Cruz
  Tel. 922 89 29 03
  www.webtenerife.com

VERKEHR
- **Schiffsverbindungen:** Fähren nach Las Palmas tgl., nach Agaete/Gran Canaria 6- bis 8-mal tgl.
- **Busbahnhof:** Avenida Tres de Mayo, Busse und Infos: www.titsa.com.
- **Straßenbahn:** Die Linie 1 der Tranvia verkehrt ab Intercambiador (Avda. Tres de Mayo) zur Universität in La Laguna. Infos: www.metrotenerife.com.

HOTELS
Hotel Taburiente €€
Gut ausgestattetes 3-Sterne-Hotel mit mondänem Charme am Parque García Sanabria; Dachpool, Fitnessbereich und zwei Restaurants.
- Dr. José Navieras, 24 a | Santa Cruz
  Tel. 922 27 60 00
  www.hoteltaburiente.com

Hotel Escuela Santa Cruz €
Gut geführtes Haus der örtlichen Hotelfachschule mit modernem Design.
- Avenida San Sebastián 152
  Santa Cruz | Tel. 922 84 75 00
  www.hotelescuelasantacruz.com

RESTAURANTS
La Hierbita €€
In dem rustikalen Stadthaus vermischt sich traditionelle kanarische Küche mit neuen Ideen. Man kann auch Gofio und lokale Weine bestellen.
- El Clavel, 19 | Santa Cruz
  Tel. 922 24 46 17
  www.lahierbita.com

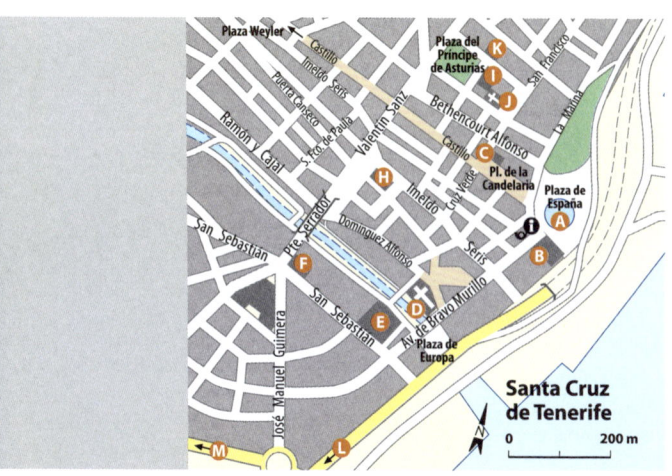

Santa Cruz de Tenerife

Bulan €€
Ein Szenetreff mit asiatisch inspirierten Leckereien; abends trifft man sich auf der Dachterrasse zu einem Drink.
• Calle Antonio Domínguez Alfonso, 35
  Santa Cruz | Tel. 922 27 41 16
  www.bulantenerife.com

Café Bistró Auditorio €–€€
Das Bistro glänzt durch die spektakuläre Lage im Auditorio – für Architekturfans.
• Avenida Constitución, 1
  Santa Cruz | Tel. 922 56 86 00

CANDELARIA 2 📖 K5

Das Landstädtchen an der Ostküste ist im August Schauplatz der größten Wallfahrt der Kanarischen Inseln. Ziel der Pilger ist die **Basílica de Nuestra Señora de la Candelaria,** in der die Schutzpatronin des Archipels verehrt wird. Die Basilika ersetzt seit 1958 einen vom Sturm zerstörten Vorgängerbau. Der Kirchplatz wird zur Meerseite hin von neun überlebensgroßen Guanchenskulpturen gesäumt.

Nördlich von Candelaria konnte sich an der **Playa de las Caletillas** ein bescheidener Badetourismus entwickeln.

AUSFLUG: PIRÁMIDES DE GÜÍMAR 3 📖 K5

Im Küstenhinterland südwestlich von Candelaria erreicht man das Landstädtchen Güímar, bekannt für seine vom Ethnologen Thor Heyerdal entdeckten rätselhaften **Lava-Steinpyramiden** ➤ S. 41, die heute das Zentrum eines **Parque Etnográfico** bilden. Ein Museum widmet sich Hyerdals Thesen zu den Pyramiden und seinen Expeditionen. Zu finden ist der Park an der Straße nach Arafo (Calle Chacona, Tel. 922 51 45 10, www.piramidesdeguimar.es; geöffnet tgl. 9.30–18 Uhr, Eintritt 12 €).

EL MÉDANO 4 📖 J7

Der Ort war die Keimzelle des Tourismus im Süden: Die ersten Sommergäste mieteten sich 1963 im Traditionshotel Médano ein.

Heute ist die **Playa del Médano** der längste hellsandige Naturstrand der Insel und zudem ein Mekka der Wind- und Kitesurfer. Vor dem Vulkankegel Montaña Roja zieht sich der feine Strand kilometerweit bis in den Ort.

HOTELS
Hotel Médano €€
Gehört zu den ältesten Häusern im Süden, die Sonnenterrasse ruht auf ins Meer gebauten Pfeilern.
• Paseo Picacho, 4 | El Médano
  Tel. 922 17 70 00 | www.medano.es

Hotel Playa Sur Tenerife €€
In exponierter Alleinlage am südlichen Ende des Surferstrandes. Unter deutscher Leitung.
• Playa de El Médano | Tel. 922 17 61 20
  www.hotelplayasurtenerife.com

RESTAURANTS
Wenige Kilometer östlich von El Médano stehen in **Los Abrigos** eine Reihe guter Fischlokale zur Auswahl, z. B.

Am langen Naturstrand Playa del Médano

Los Abrigos €€

An der Küstenstraße oberhalb des Hafens; es gibt Dorade, Zackenbarsch, Papageienfisch und andere feine Klassiker, die Preise richten sich nach Gewicht.

• Calle La Marina, 3 | Los Abrigos
  Tel. 922 17 02 64
  www.restaurantelosabrigos.com

COSTA DEL SILENCIO

5 ▮ J7

Fernab vom Trubel liegt am südöstlichen Zipfel Teneriffas die Costa del Silencio. Dem schon in den 1960er-Jahren touristisch erschlossenen, felsigen Küstenstrich fehlt es jedoch an richtigen Stränden. An manchen Buchten gibt es Einstiege über Leitern, sonst ist man auf die Hotelpools angewiesen.

LOS CRISTIANOS **6** ▮ J7

Los Cristianos ist mit seinen Nachbarorten Las Américas und Costa Adeje nahtlos zu einer riesigen Hotelstadt zusammengewachsen. Vom einstigen Fischerdorf ist aber zumindest noch so etwas wie ein gewachsener Ortskern erkennbar. Auf einer 16 km langen Uferpromenade kann man vom Hafen bis nach La Caleta spazieren.

Sehr beliebt und für Rollstuhlfahrer vorbildlich ausgebaut ist die **Playa de la Vista** westlich des Hafens, der Drehkreuz für den interinsularen Fährverkehr ist.

INFOS

Oficina de Información Turística

• Paseo Las Vistas, 1 | Los Cristianos
  Tel. 922 78 70 11

VERKEHR

- **Schiffsverbindungen:** Fähren nach La Gomera, La Palma und El Hierro. Mit Ausflugsbooten können Wal- und Delfinsafaris unternommen werden.

HOTELS

Arona Gran Hotel €€€
Elegante 4-Sterne-Anlage direkt am Meer (381 Zimmer); mit Sportanimation.

- Avda. Juan Carlos I, 38
  Los Cristianos | Tel. 922 75 06 78
  www.springhoteles.com

Andrea's €
Untere Mittelklasse; etwas vom Verkehr beeinträchtigt, aber günstig.

- Avda. del Valle Menéndez, s/n
  Los Cristianos | Tel. 922 79 00 12
  www.hotel-andreas.com

RESTAURANTS

Pascal €€
Französisch-marokkanische Spezialitäten in Hafennähe. Mi–Mo ab 19 Uhr.

- Lucila Barrios, 1 | Los Cristianos
  Tel. 922 79 75 54
  www.pascalrestaurant.com

Rincón del Marinero €€
Spezialität ist Kaninchen, gut sind auch Fisch und Meeresfrüchte.

- El Cabezo, 1 | Los Cristianos
  Tel. 922 79 35 53

PLAYA DE LAS AMÉRICAS **7** 📱 H7 & COSTA ADEJE **8** 📱 J7

Zusammen bilden die Badeorte Playa de las Américas und Costa Adeje an der Südküste Teneriffas eine der größten Feriencädte Europas – entsprechend lebhaft geht es dort zu. Geboten wird Urlaub total mit Flaniermeilen, Amüsierbetrieben, Einkaufszentren und Badebuchten – ein gänzlich künstliches Paradies, aber doch quicklebendig. Noch vor einem halben Jahrhundert gab es hier nicht mal eine Straße.

Wesentlich jünger als die bereits in die Jahre gekommenen Hotelkomplexe in Las Américas sind die mondänen Luxusherbergen an der Costa Adeje. Mit Themenhotels wie dem luxuriösen **Gran Hotel Bahía del Duque** › S. 67 steht Costa Adeje für eine detailverliebte Hotelarchitektur, die sich recht angenehm von den einförmigen Quartieren aus der Frühphase des Massentourismus abhebt. Ein Spaziergang entlang der kilometerlangen Uferpromenade macht mit dem postmodernen Stilmix bekannt.

Im Hinterland der Ferienstädte gibt es etliche Freizeitparks, die etwas Abwechslung vom Strandleben versprechen. Der größte und spektakulärste davon ist der Erlebniswasserpark **Siam Park** (www.siampark.net; tgl. 10–18, Nov.–April 10–17 Uhr, Erw. 37 €, Kinder 25 €). Auf 180 000 m² verteilen sich in dem im Thai-Stil angelegten Wasserpark ein Wellenbad, verschiedene Riesenrutschen und andere Attraktionen, darunter auch eine Seelöwenshow.

INFOS

Oficina de Información Turística de Playa de Las Américas
Für den südlichen Abschnitt (Arona).

- Avda. Rafael Puig de Lluvina, 19
  Playa de las Américas
  Tel. 922 79 76 68 | www.arona.travel

**Oficina de Información Turística
de Troya**
Für den nördlichen Abschnitt (Adeje).
- C. Rafael Puig de Lluvina, 1
  Costa Adeje | Tel. 922 75 06 33
  www.costa-adeje.es

VERKEHR
- **Busverbindungen:** Tgl. Busse nach Santa
  Cruz, in die Cañadas und in alle wichti-
  gen Orte im Süden der Insel.

HOTELS
Gran Hotel Bahía del Duque €€€
Luxus pur in einem schlossähnlichen
Gebäudekomplex mit Spa, Park- und Poollandschaft. Der Clou sind die sündhaft
teuren Designervillen mit Privatpool und
persönlichem Butlerservice.
- Avda. Bruselas | Costa Adeje
  Tel. 922 74 69 32
  www.bahia-duque.com

Lagos de Fañabé €€
Ansprechende Reihenbungalows rund um
zwei Pools; direkt am Strand.
- Urbanización Playa Fañabé
  Calle Londres, 7
  Costa Adeje | Tel. 922 71 66 96
  www.sandandsea.es

Zentral Center €€
Ordentliches Mittelklassehotel mit Pool auf
der Dachterrasse. Zwar in der dritten Rei-
he, dafür relativ günstig. Adults only.
- Avenida Arquitecto Gómez Cuesta
  Playa de las Américas
  Tel. 922 78 71 50
  www.hotelzentralcenter.com

Aparthotel Panorama €
Funktional eingerichtete Studios, die mit
Frühstück oder Halbpension buchbar sind.
Ruhige Lage nahe der Promenade. Gutes
Preis-Leistungs-Verhältnis.
- Avda. Gran Bretaña, 8 | Costa Adeje
  Tel. 922 79 16 11
  www.hovima-hotels.com

RESTAURANTS
Las Rocas €€€
Einladender Pavillon mit Pool und Liegen
direkt über dem Meer; sehr zu empfehlen
sind Fisch und Meeresfrüchte sowie Paella.
- Avda. Gran Bretaña, s/n (beim Hotel
  Jardín Tropícal) | Costa Adeje
  Tel. 922 74 60 64
  www.jardin-tropical.com

La Torre del Mirador €€
Großes Lokal im gleichnamigen Einkaufs-
zentrum, das zum Essen schöne Aussichten bietet.
- Avda. Bruselas | Costa Adeje
  Tel. 922 71 22 09
  www.latorredelmirador.com

AUSFLUG: ADEJE ⑨ ▯ J6

Zu den beliebtesten Ausflugszielen
im Süden Teneriffas gehört der **Barranco del Infierno** in Adeje. Nach
langjähriger Sperrung – es gab
mehrere durch Steinschlag verur-
sachte tödliche Unfälle – steht die
neu gesicherte Schlucht wieder
Wanderern offen. Ein gut ausgebau-
ter Weg führt tief in den Barranco
hinein bis zu einem Wasserfall. Die
»Höllenschlucht« ist Teil eines Na-
turschutzgebietes und für ihre ar-
tenreiche Flora bekannt. Während
der Wanderung ist ein Schutzhelm

Pflicht (im Eintritt von 8 € enthalten, Tickets gibt es ausschließlich online, www.barrancodelinfierno.es; tgl. 8–14.30, Schließung 18 Uhr).

Nach der Wanderung lohnt es sich, in Adeje einen Blick in die barocke Pfarrkirche **Santa Úrsula** zu werfen. › mehr S. 16 Punkt **24**

VILAFLOR 10 J6

Das malerisch am Südhang des Teidemassivs gelegene Bergdorf Vilaflor ist mit 1400 m ü.d.M. die höchstgelegene Siedlung der Kanaren. Kiefernwälder, Weinberge und im Februar blühende Mandelbäume verleihen dem Ort ein liebliches Flair. Zu Füßen des Dorfes erstreckt sich eine kunstvoll terrassierte Kulturlandschaft. Ähnlich wie auf Lanzarote werden die Felder im Trockenfeldbau *(enarenado)* bestellt; die vulkanischen Böden werden mit einer Bimssteinschicht abgedeckt.

💬 MONDLANDSCHAFT

Etwa 3 km oberhalb von Vilaflor zweigt eine Piste zur **Paisaje Lunar** ab. Aus Naturschutzgründen wurde die Zufahrt für den Kfz-Verkehr gesperrt, sodass die »Mondlandschaft« nur im Rahmen einer fünfstündigen Wanderung (hin und zurück) erkundet werden kann. Die vom Wind seltsam geformten Tuffsteinkegel zählen zu den außergewöhnlichsten Gesteinsformationen Teneriffas.

HOTEL

Alta Montaña €€

Gefälliges Berghotel auf einem Landgut, mit 15 Zimmern, Restaurant und Außenpool; gute Basis für Wanderungen in den Nationalpark.

• Morro el Cano 1 | Vilaflor
  Tel. 922 70 99 95

RESTAURANT

El Sombrerito €

Landgasthof, der auch einfache Zimmer anbietet; Spezialitäten sind Ziegenfleisch und Kaninchen.

• Calle Santa Catalina, 15 | Vilaflor
  Tel. 922 70 90 52

NATIONALPARK TEIDE
11 ⭐ J5/6

Der Parque Nacional del Teide ist das geologische und botanische Aushängeschild Teneriffas und darf sich seit 2007 mit dem Weltnaturerbe-Titel der UNESCO schmücken. Über dem gewaltigen Kraterkessel der Cañadas hebt sich wie das Muster eines Vulkans der **Pico del Teide** (3718 m) empor, Wahrzeichen der Insel und Spaniens höchster Berg. Er bildete sich vor rund 500 000 Jahren durch Eruptionen aus dem Kraterboden.

Von der Seilbahn-Talstation kann man in nur acht Minuten zur Rambleta (3550 m) hinaufgondeln (www.volcanoteide.com; tgl. 9 bis 16 Uhr). Von der Bergstation kann man auf einem gut ausgebauten Wanderweg einen spektakulären Aussichtspunkt auf dem benachbarten Kraterkessel des **Pico Viejo**

Das mächtige Massiv des Pico del Teide, rechts die Roques de García

(3134 m) erreichen (Genehmigung erforderlich › S. 59). Der meistbesuchte Ort im Nationalpark sind die **Roques de García** in der Nähe des Paradors. Die vom Wind freigewitterte Felsgruppe lässt sich umrunden, wobei sich gleichzeitig Einblicke in die Hochgebirgsflora eröffnen.

INFOS

Centro de Visitantes
Besucherzentrum, Filmvorführungen.
• El Portillo | Carretera TF-21, km 32
  Tel. 922 35 60 00

VERKEHR

• **Busverbindungen:** Tgl. morgens fährt jeweils ein Bus ab Playa de las Américas und Puerto de la Cruz zum Parador und zur Seilbahnstation.

HOTEL

Parador Las Cañadas del Teide €€€
Stilvolles Berghotel auf 2100 m Höhe;
Restaurant mit typisch kanarischer Küche.
• Las Cañadas | Tel. 922 37 48 41
  www.parador.es

PUERTO DE SANTIAGO & LOS GIGANTES 12 🖻 H6

In Teneriffas Westen säumen die zusammengewachsenen Ferienorte Puerto de Santiago und Los Gigantes den von der Sonne verwöhnten Küstenstrich. Die **Playa de la Arena** gehört zu den besten Naturstränden der Insel.

Am Fuß von **Los Gigantes,** einer mächtigen, ca. 500 m hohen Klippe, entstand ein Jachthafen mit einer relativ ruhigen Feriensiedlung in Hanglage. Es werden Bootsfahrten und Walsafaris entlang der Steilküste angeboten.

HOTELS

Dragos del Sur €€
Beliebtes, ordentlich ausgestattetes Aparthotel an der Klippenküste, zur Playa de la Arena sind es 500 m. Für Selbstversorger, aber es gibt auch ein gutes Frühstück.
• Avenida Marítima
  Puerto de Santiago | Tel. 922 86 25 50
  www.hoteles-losdragos.com

Poblado Marinero €
Schöne Appartements direkt am Jachthafen; auch geräumige Ferienwohnungen mit zwei Schlafzimmern.
• Calle Los Guios | Los Gigantes
  Tel. 922 86 09 66
  www.pobladomarinero.com

RESTAURANT

Casa Pancho €€
Traditionslokal direkt am Strand mit fangfrischem Fisch, Eintöpfen und großer Weinkarte. Mo Ruhetag.
• Avenida Marítima, 26
  Playa de la Arena | Tel. 922 86 13 23
  www.restaurantepancho.es

AUSFLUG: SANTIAGO DEL TEIDE 13

Santiago liegt malerisch in einem von Mandelbäumen bestandenen Hochtal. Der Blickfang des Ortes, der seinen Beinamen der Aussicht auf den Teide verdankt, ist das maurisch inspirierte Kuppeldach der **Dorfkirche.**

MASCA 14 ⭐ 2 📖 H5

Das kleine Bergdorf im Tenogebirge war bis in die 1960er-Jahre nur über Saumpfade zugänglich, inzwischen wird es vom motorisierten Ausflugverkehr fast überrollt. Die Besucherströme suchen hier vor allem das ursprüngliche Teneriffa, doch die Souvenirläden und Restaurants haben sich schon lange an die Ausflügler angepasst. Schön geblieben ist der malerisch auf einem Bergrücken platzierte Ort mit seinen schmucken alten Bauernkaten dennoch.

Im Ort beginnt ein bei Wanderern sehr beliebter und spektakulärer Abstieg durch die **Masca-Schlucht** (ca. 6 Std. hin und zurück). Am besten schließt man sich einer organisierten Tour an und lässt sich, unten am Meer angekommen, per Boot nach **Los Gigantes** › S. 69 schippern – das erspart den Wiederaufstieg. Die Wanderung wird von vielen lokalen Outdoor-Veranstaltern angeboten, wie etwa von Heidis Wanderclub (www.heidis-wanderclub.de).

GARACHICO 15 📖 H5

Ihre schwerste Zeit erlebte die Kleinstadt 1706, als der damals blühende Ort von herabfließenden Lavamassen in Schutt und Asche gelegt wurde. Das wiederaufgebaute Hafenstädtchen mutet dennoch wie ein Relikt aus dem Mittelalter an. Unbeschadet überstand das 1571 direkt ans Meer gebaute **Castillo de San Miguel** den Vulkanausbruch.

Den Mittelpunkt von Grachicos beschaulicher Altstadt bildet die **Plaza de Libertad** mit dem ehemaligen Franziskanerkonvent und der angrenzenden Stiftskirche **Glorieta de San Francisco.**

Vom **Mirador de Garachico** oberhalb des Städtchens kann man den Küstenstrich aus der Vogelperspektive erleben.

HOTEL

San Roque €€€
Extravagantes kleines Designerhotel in einem Herrenhaus aus dem 18. Jh., ruhig im Herzen der Altstadt gelegen.
- Esteban de Ponte, 32 | Garachico
  Tel. 922 13 34 35
  www.hotelsanroque.com

RESTAURANT

Casa Gaspar €€
Beliebtes großes Fischlokal nahe der Küstenstraße.

- Calle Esteban de Ponte, 44 | Garachico
  Tel. 922 83 00 40

ICOD DE LOS VINOS

16 📖 J5

Das Topziel im Weinstädtchen verdankt seinen hohen Bekanntheitsgrad einem Drachenbaum, der der älteste seiner Art sein soll, bekannt als **Drago Milenario**, (tausendjähriger Drachenbaum). Sein bizarres Geflecht aus unzähligen Flaschenästen ist eines der meistfotografierten Motive Teneriffas. Im **Parque del Drago** präsentiert ein kleiner botanischer Garten die heimische Flora (tgl. 9–20, Okt.–März 10 bis 18 Uhr). ▸ mehr S. 17 Punkt **34**

Nur einige Schritte entfernt lohnt ein Besuch der **Iglesia San Marcos.** In ihrem Kirchenmuseum ist ein an die 2 m hohes, filigran gearbeitetes

Blick vom Ferienort Los Gigantes auf die namensgebenden Klippen

Die Kuppel der Iglesia de Nuestra Señora de la Concepción über La Orotavas Altstadt

Kreuz aus mexikanischem Silber zu bestaunen, angeblich aus 47 kg des Edelmetalls gefertigt.

LA OROTAVA 17 ▮ K5

Im von steilen Gassen geprägten Landstädtchen ist **La Casa de Los Balcones** ein Anziehungspunkt. Das prächtige Gebäude von 1632 gefällt durch den herrlichen, von kunstvollen Balkongalerien gezierten Innenhof. Eine Stickereischule bietet eine große Auswahl an kunstvollen Souvenirs (www.casa-balcones.com). › mehr S. 18 Punkt 39

Unterhalb der Casa de los Balcones ragt, flankiert von zwei Türmen, die Kuppel der **Iglesia de Nuestra Señora de la Concepción** über die Dächer der Altstadt. In der Kirche verbergen sich Heiligenfiguren von Luján Pérez und ein sehenswerter marmorner Barockaltar des italienischen Künstlers Giuseppe Gagini.

Wer sich für iberoamerikanisches Kunsthandwerk interessiert, dem wird im **Museo de Artesanía Iberoamericana** das Herz aufgehen. Das Museum im ehemaligen Dominikanerkloster an der Calle Tomás Zerolo, 34, zeigt u. a. Keramik, Masken, Kleinaltäre, und Fächer (Mo bis Fr 10–15, Sa 10.30 bis 13.30 Uhr).

Einen Überblick über das von Alexander von Humboldt wegen seiner Schönheit gepriesene Valle de Orotava bietet sich vom **Mirador de Humboldt**. Wenn sich auch in dem von der Nordautobahn zweigeteilten Tal mit ausufernden Bananenplantagen und der Skyline von Puerto de la Cruz seit Humboldts Besuch im Jahre 1799 so manches geändert hat, reizvoll ist der Ausblick immer noch.

HOTEL

Victoria €€
Wunderschön restauriertes kanarisches Stadthaus mit 14 geschmackvoll eingerichteten Zimmern. Nobles À-la-carte-Restaurant.
• Hermano Apolinar, 8
  La Orotava | Tel. 922 33 16 83
  www.hotelruralvictoria.com

SHOPPING

In der Markthalle bieten die Bauern auf dem **Mercado del Agricultor** frische Produkte der Region an (Sa 8–13 Uhr).

PUERTO DE LA CRUZ

18 📖 J5

Die Stadt (30 000 Einw.) am Ausgang des Orotava-Tals ist das größte Touristenzentrum Nordteneriffas. Hier feierte der kanarische Fremdenverkehr seine Geburtsstunde, als Charterflüge Ende der 1950er-Jahre den Ort ins Zeitalter des Massentourismus beförderten.

Von der Altstadt blieb die **Plaza del Charco** erhalten, bis heute quirligster Platz der Stadt. Von dort führt eine sehr schöne Fußgängerzone zur **Iglesia Nuestra Señora de la Peña**, vor deren barockem Altaraufsatz sich fast täglich Pärchen das Jawort geben.

Was der rauen Nordküste von der Natur versagt blieb, schenkte ihr der Künstler César Manrique: eine künstliche Pool- und Gartenlandschaft. Der **Lago Martiánez** zählt zu den herausragendsten Arbeiten des Allroundtalents und zieht jedes Jahr Hunderttausende von Gästen an, die sich in den ausgedehnten Wasserbecken zwischen subtropischem Grün erfrischen (tgl. 10 bis 18, im Winter bis 17 Uhr). Manrique war auch an der Planung der **Playa Jardín** beteiligt. Der künstlich angelegte, gut 1 km lange schwarze Sandstrand ist durch Wellenbrecher vor der Brandung einigermaßen geschützt.

Kurios ist die Geschichte des berühmten **Jardín Botánico** (auch Jardín de aclimatación de La Orotava) oberhalb des Viertels La Paz. Ursprünglich sollten in dem 1788 angelegten Park tropische Gewächse aus überseeischen Kolonien akklimatisiert werden, um diese später auf dem spanischen Festland heimisch zu machen. Die Pflanzen gediehen prächtig in Puerto de la Cruz, doch den iberischen Winter überlebten sie nicht. Viel bestaunt sind heute die luftwurzelnde Würgerfeige und der Leberwurstbaum (Calle Retama, 2; tgl. 9–18 Uhr).

Ein Besuchermagnet ist der **Loro Parque** (www.loroparque.com; tgl. 8.30–18.45 Uhr, Erw. 37 €, Kinder 6–11 Jahre 25 €). Der weitläufige Zoo-Freizeitpark lockt mit Hunderten bunt gefiederten Papageien und anderen exotischen Vögeln in großer Voliere, einem Pinguinarium, einem spektakulären Aquarium mit Riff- und Katzenhaien sowie Seelöwen. Hinzu kommen Raubkatzen- und Menschenaffenbereiche. Ebenso beliebt wie umstritten sind die Delfin- und Orcashows.

INFOS

Oficina de Turismo
- Las Lonjas, s/n | Puerto de la Cruz
  Tel. 922 38 60 00
  www.visitpuertodelacruz.es

VERKEHR

- **Busverbindungen:** In alle wichtigen Orte, ab Busbahnhof Calle del Pozo.

HOTELS

Botánico €€€
Luxushotel der Extraklasse mit Wellnesszentrum und Parklandschaft.
- Avda. Yeoward, 1 | Puerto de la Cruz
  Tel. 922 38 14 00
  www.hotelbotanico.com

Monopol €€
92-Zimmer-Altstadthotel mit schönem Patio und einladender Balkonfront.
• Quintana, 15 | Puerto de la Cruz
  Tel. 922 38 46 11 | www.monopoltf.com

Sun Holidays €
Freundlich eingerichtetes, eher einfach ausgestattetes Hotel in zentraler Lage in einer Fußgängerzone.
• La Peñita, 6 | Puerto de la Cruz
  Tel. 922 38 00 87
  www.hotelsunholidays.com

RESTAURANTS

La Magnolia €€
Hervorragende katalanische Küche nahe des Botanischen Gartens.
• Avda. Marqués de Villanueva del Prado s/n | Puerto de la Cruz
  Tel. 922 38 56 14
  www.restaurantemagnolia.com

Bodega Julián €€
Das familiengeführte Altstadtlokal serviert inseltypische Küche, oft zu kanarischer Livemusik. Nur abends geöffnet, So geschl.
• Mequinez, 20 | Puerto de la Cruz
  Tel. 686 55 63 15

Regulo €€
Im Ambiente eines alten Bürgerhauses im Viertel Ranilla werden leckere Fisch- und Lammgerichte serviert. Reservierung empfohlen; So, Mo mittags geschl.
• Pérez Zamora, 16 | Puerto de la Cruz
  Tel. 922 38 45 06

NIGHTLIFE

Auf einem Inselchen im Lago Martiánez
> S. 73 lockt das **Casino** mit Roulette, Black Jack, Poker und Spielautomaten (www.casinostenerife.com).

LA LAGUNA ⑲ ⭐ 📖 L4

Die frühere Hauptstadt La Laguna (156 000 Einw.), seit 2000 Weltkulturerbe, strotzt geradezu vor kolonialem Flair. Die zahlreichen Kirchen, Klöster und Adelspaläste lassen die Universitätsstadt wie ein offenes Geschichtsbuch erscheinen.

Die Nordwestseite der **Plaza del Adelantado** begrenzen die wuchtigen Mauern des alten Frauenklosters **Santa Catalina.** Im Eckturm mit den kunstvoll gedrechselten Sichtschutzblenden, die den Nonnen ermöglichten, das Geschehen am Platz zu beobachten, ohne selbst gesehen zu werden, kommt der arabische Einfluss zum Tragen. Der angrenzende profane **Palacio de Nava** aus dem 16. Jh. war einst Mittelpunkt des gesellschaftlichen Lebens wohlhabender Geschlechter.

Vom Platz geht die Calle Obispo Rey Redondo ab, in der gleich zwei der sehenswertesten Sakralbauten der Insel zu besichtigen sind. Die Bischofskirche **Catedral de los Remedios** birgt hinter ihrer klassizistischen Fassade wertvolle Kunstschätze, darunter auch das Altarbild, das der flämische Meister Hendrik van Balen schuf. Am Straßenende erhebt sich die **Iglesia de Nuestra Señora de la Concepción.** Aus dem grün glasierten Majolika-Taufbecken empfingen die letzten Guanchen die Taufe.

INFOS

Oficina de Turismo
• Calle Obispo Rey Redondo, 7
  La Laguna | Tel. 922 63 11 94

LA PALMA

Das Observatorio Astrofísico auf
2400 Meter Höhe am Roque de
los Muchachos

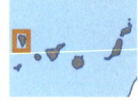

Duftende Kiefern und ein üppiger Lorbeerwald-Dschungel, aber auch grandiose Vulkanlandschaften im Süden prägen das Erscheinungsbild von La Palma. Die »Isla Bonita« gilt vielen als die Schönste der Kanarischen Inseln.

Ein fast 2500 m hoher Gebirgskamm, der zugleich als Wetterscheide fungiert, teilt die Insel in zwei Hälften. Die Passatwolken stauen sich vor allem im Norden und über der Ostküste und sorgen dort für mehr Niederschläge als auf der trockenen Westseite.

An der Ostküste entstand mit Los Cancajos ein Badeort, dessen geschützter Strand das ganze Jahr über Badebetrieb erlaubt und auch für Familien und ältere Menschen gut geeignet ist. Die Hauptstrände auf der sonnenverwöhnten Westseite sind Puerto Naos und Puerto de Tazacorte, wobei sich der Tourismus vor allem am Palmenstrand von Puerto Naos konzentriert.

Abseits der Küstenorte ist *Turismo rural* sehr beliebt: Dem Feriengast stehen zahlreiche restaurierte Fincas und Landhäuser zur Auswahl. Sie liegen allerdings meist etwas ab vom Schuss.

Landschaftliches Highlight im Inselzentrum ist der Nationalpark Caldera de Taburiente, in den Exkursionen auf einem gut ausgebauten und markierten Wanderwegnetz unternommen werden können. Insgesamt laden auf La Palma 1000 km ausgewiesene Wanderwege zu Touren für alle Ansprüche ein. Wer sich auf die Spuren der Ureinwohner begeben will, kann prähistorische Höhlenwohnungen und Felsinschriften entdecken.

Wanderin im geschützten Lorbeerwald von Los Tilos

TOUREN IN DER REGION

TOUR 4

DIE NORDTOUR

ROUTE: Santa Cruz › Playa de Nogales › Los Tilos › La Fajana › Mirador La Tosca › La Zarza › Mirador El Time › Puerto de Tazacorte › Los Llanos de Aridane › Santa Cruz

KARTE: Seite 78
DAUER: 1 Tag; Fahrstrecke: 160 km
PRAKTISCHE HINWEISE:
- Die Tour ist an einem Tag machbar, mit einer Besichtigung von Los Llanos beser in zwei Tagen.
- Zeit für Spaziergänge und Badestopps einplanen!

TOUR-START:

Die Fahrt gestaltet sich als ständiges Auf und Ab entlang der von Bergrücken und tief eingekerbten Schluchten gegliederten Küste und startet in **Santa Cruz** 1 › S. 80. Falls Sie auf der Westseite der Insel wohnen, fahren Sie zunächst durch den Tunnel in die Hauptstadt; von dort kommt man in Richtung Nordost auf gut ausgebauten Straßen zügig voran. An der Durchgangsstraße in Puntallana weist ein Schild zur **Playa de Nogales,** zu der ein steiler Treppenweg hinabführt. Der schwarze Bilderbuchstrand sollte allerdings angesichts der gefährlichen Unterströmungen nur vom Ufer aus genossen werden.

Vor der großen Brücke Arco de los Tilos kurz vor Los Sauces bietet sich ein Abstecher zum Infozentrum des Biosphärenreservats **Los Tilos** › S. 88 an, und vor Barlovento kann man zu den Meeresschwimmbecken **Piscinas de la Fajana** (ausgeschildert) hinunterfahren. Zurück auf der Hauptstraße erreicht man hinter Barlovento der **Mirador La Tosca** mit grandiosem Ausblick über die Nordküste. Hier lohnt ein Spaziergang ein Stück hangabwärts zu einem Drachenbaumhain.

Nächster Halt sind die Felsritzungen von **La Zarza** › S. 40. An der »Dornbuschquelle« hinterließen die Ureinwohner von spiralförmigen Petroglyphen übersäte Felswände, die vom Besucherzentrum an der Straße in 10 Gehminuten zu erreichen sind. Vorbei an **Puntagorda** 12 › S. 87, berühmt für die Mandelbaumblüte im Februar, geht es nun südwärts zum **Mirador El Time** (594 m), der ein fantastisches Panorama auf das Aridanetal und die Cumbre Vieja bietet. Zu Füßen liegt **Puerto de Tazacorte** › S. 86, wo man nicht nur einen feinen Badestrand vorfindet, sondern auch zahlreiche gute Fischlokale. Den Kaffee nach dem Essen kann man in einem der Terrassencafés auf der Plaza de España in **Los Llanos** 10 › S. 85 trinken. Auf der LP-2/LP-3 durch das Binnenland sind es dann noch knapp 30 km bis **Santa Cruz.**

TOUREN AUF LA PALMA

TOUR ④

DIE NORDTOUR

Santa Cruz › Playa de Nogales › Los Tilos › La Fajana › Mirador La Tosca › La Zarza › Mirador El Time › Puerto de Tazacorte › Los Llanos de Aridane › Santa Cruz

TOUR ⑤

DURCH DEN VULKANISCHEN SÜDEN

Santa Cruz › Cueva de Belmaco › Faro de Fuencaliente › Playa de Zamora › Las Manchas › Cumbrecita › Santa Cruz

TOUR ⑥

AUF DEN ROQUE DE LOS MUCHACHOS

Santa Cruz › Mirca › Mirador de los Andenes › Observatorio Astrofísico › Roque de los Muchachos

TOUR 5

DURCH DEN VULKANISCHEN SÜDEN

> **ROUTE:** Santa Cruz > Cueva de Belmaco > Faro de Fuencaliente > Playa de Zamora > Las Manchas > Cumbrecita > Santa Cruz
>
> **KARTE:** Seite 78
> **DAUER:** 1 Tag; Fahrstrecke: 125 km
> **PRAKTISCHER HINWEIS:**
> • In der Hauptsaison ist der Parkplatz am Mirador de la Cumbrecita stets voll belegt. Deshalb muss vorab ein Zeitintervall fürs Parken reserviert werden, online unter www.reservasparquesnacionales.es (kostenlos).

TOUR-START:

Von **Santa Cruz** **1** > S. 80, aus erreicht man auf der LP-2 zunächst die **Cueva de Belmaco** **4** > S. 82, wo man gegenüber dem Besucherzentrum einen Blick in die einstige Höhle eines Guanchenhäuptlings werfen kann. An der Südspitze der Insel biegen Sie dann am Ortseingang von **Los Canarios** **5** > S. 82 links in eine schmale Straße ab, die über Las Caletas zum **Faro de Fuencaliente** hinabführt. > mehr S. 18 Punkt **36** Nach Besichtigung des Leuchtturms und der Salinen nebenan geht es auf dem Sträßchen nahe der Küste weiter durch Bananenplantagen bis zur **Playa de Za-**

mora > S. 83. In die wildromantische Badebucht führt ein steiler Treppenweg hinab.

Über Las Indias wird in Los Canarios wieder die LP-2 erreicht, auf der es nordwärts geht. An der Kreuzung in San Nicolás hält man sich – nach einem Abstecher zur Plaza Glorieta in **Las Manchas** **7** > S. 84 – Richtung **El Paso** **8** > S. 84 zum Nationalpark-Besucherzentrum. Von dort führt eine Stichstraße zum Aussichtspunkt **Cumbrecita** hinauf, von dem sich die **Caldera de Taburiente** **9** > S. 85 in ihrer ganzen Größe zeigt. Durch den Tunnel geht es auf die Ostseite zurück.

TOUR 6

AUF DEN ROQUE DE LOS MUCHACHOS

> **ROUTE:** Santa Cruz > Mirca > Mirador de los Andenes > Observatorio Astrofísico > Roque de los Muchachos
>
> **KARTE:** Seite 78
> **DAUER:** 1 Tag; Fahrstrecke: 42 km
> **PRAKTISCHER HINWEIS:**
> • Der höchste Gipfel auf La Palma ragt meist aus den Passatwolken heraus, die Tour lohnt daher auch, wenn es an der Küste bewölkt ist.

TOUR-START:

Ein absolutes Muss für alle Besucher von La Palma ist die Tour zum Roque de los Muchachos. Von einigen wenigen Wintertagen abgesehen, an denen die Bergstraße durch Schneefall oder Erdrutsch kurzzeitig unpassierbar sein kann, ist die von **Santa Cruz 1** › S. 80 aus relativ gut ausgebaute Panoramastraße zum höchsten Punkt der Insel problemlos befahrbar.

Von **Mirca**, nördlich von Santa Cruz gelegen, schlängelt sich die Straße 40 km an der Ostabdachung des Gebirgsmassivs hinauf. Nach vielen Kurven macht der Waldgürtel schließlich einer alpinen Gebirgslandschaft mit anspruchsloser Ginstervegetation Platz, die die Region im Frühsommer mit einem leuchtenden, gelben Blütenteppich überzieht. Einen ersten beeindruckenden Panoramablick über die gigantische **Caldera de Taburiente 9** › S. 85 erlaubt der **Mirador de los Andenes**.

Über all dem glitzern die futuristischen Kuppeln des **Observatorio Astrofísico** › Bild S. 75 im gleißenden Sonnenlicht. Die Sterngucker des renommierten Instituto de Astrofísica de Canarias (IAC) verfügen mit dem William-Herrschel-Teleskop über eines der modernsten astronomischen Geräte (70- bis 90-minütige Führung auf Anfrage, Infos unter www.iac.es).

Die Aussichtsplattform auf dem Gipfel des **Roque de los Muchachos** (2426 m) offenbart ebenfalls einen einzigartigen Ausblick in den 1600 m tiefer gelegenen riesigen Kraterkessel.

UNTERWEGS AUF LA PALMA

SANTA CRUZ DE LA PALMA **1** 🔳 C3

Als eines der schönsten Beispiele spanischer Kolonialarchitektur im Kanarischen Archipel gilt Santa Cruz de La Palma (16 000 Einw.). Die farbenfrohen Häuser der 1493 gegründeten Hafenstadt schmiegen sich an den Hang einer geschützten Bucht an der Ostküste. Vom Überseehandel im 16. und 17. Jh. profitierten etliche Kaufleute, die schmucke Bauten hinterließen.

Als Ausgangspunkt des Rundgangs empfiehlt sich die **Plaza de la Constitución.** Beiderseits der auto-freien Geschäftsstraße O'Daly reihen sich stattliche Bürgerhäuser aneinander, wie der prächtige **Palacio Salazar** (17. Jh.) mit seinem beeindruckenden Innenhof. Nur wenige Schritte weiter öffnet sich die von einem Ensemble alter Bauten umstandene **Plaza España.**

Die Erlöserkirche **Iglesia del Salvador** betritt man über eine Freitreppe durch eine Kassettentür, die von einem Renaissanceportal eingefasst wird. Im Inneren lohnt ein Blick nach oben auf die im portugiesischen Stil farbig bemalte Artesonadodecke.

Im ehemaligen **Convento de San Francisco** am nördlichen Rand der

Altstadt ist das **Museo Insular** untergebracht. Neben einer Sammlung von Mineralien und Tierpräparaten wird altes Handwerk von der Insel vorgestellt (Plaza de San Francisco, 3; Mo–Fr 9.30–20, Sa 10–14 Uhr, So geschl.).

Zurück geht es meerwärts über die Avenida Marítima. Schmuckstück der Flaniermeile sind die Balcones tipicos, eine pittoreske Häuserzeile mit Holzbalkonen, die in üppiger Geranienpracht stehen.

Mit Kindern bietet sich ein Ausflug in den **Maroparque** oberhalb der Stadt an. Der an einen Hang geschmiegte kleine Tierpark beherbergt gut 300 Tierarten (www.maroparque.es; Mo–Fr 11–17, Sa/So 11 bis 18 Uhr, Eintritt 11 €, Kinder 3–12 Jahre 5,50 €).

INFOS
Oficina Insular de Turismo
• Casa de Cristal
  Plaza de la Constitución | Santa Cruz
  Tel. 922 41 21 06
  www.visitlapalma.es

VERKEHR
• **Schiffsverbindungen:** Tgl. Verbindungen von und nach Teneriffa und La Gomera
• **Busverbindungen:** Los Llanos (stdl.); Los Canarios und Barlovento (3- bis 4-mal tgl.); So eingeschränkter Takt.

HOTELS
Aparthotel Castillete €
Einfaches Appartementhaus an der tagsüber viel befahrenen Uferstraße.
• Avda. Marítima, 75 | Santa Cruz
  Tel. 922 42 08 40
  www.hotelcastillete.com

La Fuente €
Kleines, gemütliches Appartementhaus mitten in der Altstadt; deutsche Leitung.
• Peréz de Brito, 49 | Santa Cruz
  Tel. 922 41 56 36 | www.la-fuente.com

RESTAURANTS
La Lonja €€
Altstadtlokal mit schönem Innenhof.
Mo u. Di Ruhetag.
• Avda. Marítima, 55 | Santa Cruz
  Tel. 922 41 66 93
  www.lalonjarestaurante.com

La Placeta €€
Im 1. Stock eines Bürgerhauses, ausgezeichnete internationale Küche mit kanarischem Touch; beliebtes gleichnamiges Bistro im Parterre. So Ruhetag.
• Placeta de Borrero, 1 | Santa Cruz
  Tel. 922 41 52 73
  www.restaurantelaplaceta.com

LOS CANCAJOS 2 ▮ C3

Südlich der Hauptstadt, auf halbem Weg zum Airport, liegt mit Los Cancajos das größte Badezentrum an der Ostküste. Dem Touristenort aus der Retorte fehlt ein wenig das Flair, doch Familien wissen – neben der verkehrsgünstigen Lage – insbesondere den Strand direkt vor der Haustür zu schätzen. Wellenbrecher schützen die schwarzsandigen Badebuchten der **Playa de los Cancajos** und erlauben auch Kindern und Senioren gefahrlosen Badespaß.

INFOS
Oficina de Turismo Playa de los Cancajos
• Punta Arena, 4 (an der Promenade)
  Santa Cruz | Tel. 922 18 13 54

HOTELS

Hacienda San Jorge €€
Ein Dorf für sich: die schönste Appartementanlage am Ort, ganz im kanarischen Stil und in Pastellfarben gehalten, mit üppig begrünter Poollandschaft.
• Playa de Los Cancajos, 22 | Breña Baja
  Tel. 922 18 10 66 | www.hsanjorge.com

Parador de La Palma €€€
Die Nobelherberge, ein Stück inseleinwärts gelegen, ist dem spanischen Kolonialstil nachempfunden, im Patio plätschert ein Brunnen. 78 stilvoll eingerichtete Zimmer.
• Carretera El Zumacal, s/n | Breña Baja
  Tel. 922 43 58 28 | www.parador.es

Lago Azul €
75 Appartements mit Meerblick in ruhiger Lage, 800 m vom Strand.
• Urb. San Antonio del Mar, s/n
  Breña Baja | Tel. 922 43 43 05
  www.apartamentoslagoazul.com

RESTAURANTS

Sadi €€
Mediterrane Küche, liegt etwas versteckt in einer Stichstraße zum Meer.
• Urbanizacion La Cascada
  Los Cancajos | Tel. 922 18 14 63
  www.sadilapalma.com

El Pulpo €
Einfache Strandhütte, die fangfrischen Fisch auftischt. Mi Ruhetag.
• Playa de Los Cancajos
  Tel. 922 43 49 14

MAZO 3 ◼ C3

Der Gemeindesitz an der Ostflanke der Cumbre Vieja liegt inmitten des größten Weinbaugebiets der Insel.

Mazo hat mit der **Iglesia San Blas** eine der ältesten und schönsten Landkirchen der Insel vorzuweisen, mit einen sehenswerten aus dem Kernholz der Kanarischen Kiefer geschnitzten Flügelaltar (1512).

In der **Casa Roja** sind im Obergeschoss kunstvolle Stickereien ausgestellt (Mo–Fr 10–14 u. 15–18, Sa 11–18, So 10–14 Uhr). Im Ortsteil Hoyo de Mazo wird in der Werkstatt **El Molino** Töpferware nach alten Vorlagen produziert.

Samstags (10–18 Uhr) und sonntags (9–13 Uhr) lockt der **Bauernmarkt** zahlreiche Besucher an.

AUSFLUG: CUEVA DE BELMACO 4 ◼ C3

Am Ortseingang von Malpaíses, nur wenige Kilometer südlich von Mazo, befindet sich der **Parque Arqueológico de Belmaco.** Hier residierte in vorspanischer Zeit ein Guanchenherrscher, auf dessen Spuren man sich begeben kann. Eine Stätte mit spiralförmigen Felsritzungen und zehn Höhlenwohnungen sind im Rahmen eines Spaziergangs zu besichtigen (Tel. 922 44 00 90; Mo bis Sa 10–15 Uhr).

LOS CANARIOS 5 ◼ C4

An den steil zur Südspitze der Insel abfallenden Weinbergen von Los Canarios (früher Fuencaliente) wird seit Jahrhunderten der süße Malvasier kultiviert. Das Wahrzeichen der hoch über dem Meer gelegenen Gemeinde ist der **Volcán San**

Antonio (657 m), dessen ebenmäßiger Krater sich wie eine überdimensionale Suppenschüssel aus der schroffen Szenerie erhebt. Ein kleines Besucherzentrum erzählt von der Tätigkeit der Inselvulkane (tgl. 9–20, im Winter bis 18 Uhr).

Der **Volcán Teneguía** (439 m) am Fuß des San Antonio, war 1971 drei Wochen lang Schauplatz des jüngsten Vulkanausbruchs auf La Palma. Der Vulkan ist von **Los Quemados** über eine gut befahrbare Schotterpiste erreichbar.

An der schwarzen Lavaküste unterhalb von Los Canarios verführen die idyllischen Strandbuchten **Playa Chica** und **Playa de Zamora** zu einem Badestopp (Zufahrt über Las Indias).

Im **Leuchtturm** an der Südspitze informiert ein kleines Besucherzentrum über das vor der Küste gelegene Meeresreservat. Daneben wird in den Salinen Salz gewonnen.

HOTEL

La Palma Princess & Spa €€
Alleinlage auf einem schmalen Küstenplateau 8 km unterhalb von Los Canarios. Sehr schöne Poollandschaft.
• Cerca Vieja, 10 | Carretera de la Costa
 Tel. 922 42 55 00
 www.princess-hotels.com

RESTAURANT

Kiosco La Zamora €
Urige Fischhütte auf der Klippe über der kleinen Bucht der Playa Chica.
• Playa Chica | Carretera de la Costa
 Tel. 676 86 72 64

PUERTO NAOS 6 B3

Der Badeort lockt mit dem längsten und schönsten, von Palmen gesäumten Inselstrand. Die etwas klotzig geratenen Appartementkästen können zwar architektonisch nicht überzeugen, dafür entschädigt die gelungene Strandpromenade.

Puerto Naos ist bekannt für seinen langen, palmengesäumten Strand

Etwas ab vom Schuss und entsprechend ruhiger ist die südlich von Puerto Naos gelegene, ebenfalls reizvolle Badebucht **Charco Verde**.

HOTELS
Sol La Palma €€
Komfortables Großhotel in Alleinlage am Südende des Strandes von Puerto Naos, gutes Preis-Leistungs-Verhältnis. Mit dazugehöriger Appartementanlage.
● Punta del Pozo | Puerto Naos
  Tel. 922 40 80 00 | www.melia.com

Horizonte €
Kleine Ferienwohnanlage mit neun Appartements auf einer Klippe über dem Strand.
● Calle Mauricio Duque Camacho, 46
  Puerto Naos | Tel. 922 40 81 47
  www.tamanca.com

RESTAURANT
La Nao €€
Tapas, kleine Gerichte und Eiscreme auf einer Terrasse direkt an der Strandpromenade. Mo Ruhetag.
● Paseo Marítimo | Puerto Naos
  Tel. 922 40 80 72

AUSFLUG: LAS MANCHAS
7 📖 B3

Der Weiler von Las Manchas blieb 1949 bei einem gewaltigen Vulkanausbruch des San Juan wie durch ein Wunder verschont. Schmuckstück des Ortes ist die wunderschön mit Bodenmosaiken und einheimischer Flora gestaltete **Plaza La Glorieta,** ein Werk des einheimischen Künstlers und Musikers Luis Morera. Nebenan kann man sich in der

Casa Museo del Vino über Weinbau informieren (Camino El Callejón, 98; Mo–Fr 9.30–16, Sa 9.30 bis 14 Uhr).

EL PASO **8** 📖 B3

Im einstigen Zentrum der Seidenraupenzucht und Weberei lassen sich heute deutsche Einwanderer und Überwinterer gerne nieder. Über das Traditionshandwerk informiert das sehenswerte Seidenmuseum **Las Hilanderas** (Calle Manuel Taño, 4; Mo–Fr 10–14 Uhr). > mehr S. 19 Punkt **41**

Im Inneren der dörflichen **Ermita de Bonanza** überrascht eine mehrfarbig gefasste Kassettendecke im Mudéjarstil.

HOTELS
La Luna Baila €
Bungalows und ein Studio in einem Blumen- und Kakteengarten; ruhige Lage 2 km außerhalb.
● Calle Echedey, 24 | El Paso
  Tel. 922 48 59 97
  www.lapalma-sonne.de

RESTAURANTS
Bodegón Tamanca €€
Uriges Höhlenlokal an der Straße nach Los Canarios. Mo Ruhetag.
● San Nicolás | Tel. 922 49 41 55

Franchipani €€
Das Abendlokal (ab 18 Uhr, Mi Ruhetag) gehört zu den besten im Inselwesten, die Küche gibt sich von mediterran bis asiatisch. Unbedingt reservieren!
● Ctra. General Empalme Dos Pinos, 57
  Tel. 922 40 23 05 | www.franchipani.com

El Campo

Kleiner, doch sehr gut sortierter Bioladen an der Durchgangsstraße.

• Calle Antonio Pino Pérez, 11
 El Paso | Tel. 922 48 54 07
 www.bioladenlapalma.com

CALDERA DE TABURIENTE

 ⭐ B/C2/3

Der Nationalpark Caldera de Taburiente gilt als eines der größten Naturwunder der Kanaren. Ein Kranz schroff abfallender Felswände bildet einen Kraterkessel von »entsetzlicher Tiefe« – wie es der deutsche Geologe Leopold von Buch (1774 bis 1853) seinerzeit ausdrückte.

Von der Aussichtsplattform am **Roque de los Muchachos**, La Palmas höchstem Gipfel (2426 m), bis zur bewaldeten Campingzone Playa de Taburiente tief unten sind es gut 1600 Hm. Bester Ausgangspunkt für den Abstieg in den Kessel ist der von Jeeptaxis angefahrene Aussichtspunkt **Los Brecitos,** von dem markierte Wanderpfade hinabführen. › mehr S. 14 Punkt ⑪

Ein Abstecher zur **Cumbrecita** (1309 m) hinauf lohnt sich. Vom Parkplatz (Reservierung › S. 79) aus bietet sich ein Spaziergang zum **Mirador de las Chozas** an, der eine beeindruckende Aussicht auf den Kraterkessel ermöglicht.

INFOS

Centro de Visitantes

Im Nationalpark-Besucherzentrum wird u. a. eine kostenlose Campinggenehmigung

für mehrtägige Aufenthalte in der Caldera ausgestellt. Tgl. 9–18 Uhr.

• Ctra. General de Padrón, 47
 El Paso | Tel. 922 49 72 77

AUSFLUG: RUTA DE LOS VOLCANES 4

Der Picknickplatz **El Pilar** ist Ausgangspunkt für eine populäre, etwa 12 km lange Wanderung. Der Panoramaweg läuft über den mit bizarren Kratern besetzten Grat der Vulkankette **Cumbre Vieja** zum fast 2000 m hohen Aussichtsgipfel Deseada II. Mit guter Kondition kann man in rund 6 Std. bis nach Los Canarios wandern.

LOS LLANOS DE ARIDANE 10 B3

Das Zentrum des weitläufigen Hangtales Valle de Aridane auf der Westseite der Insel ist Los Llanos (20 000 Einw.) – vielfach als heimliche Hauptstadt der Insel bezeichnet. Los Llanos profitiert von dem fruchtbaren Boden und sonnigen Klima im Tal.

Altstadtflair lässt sich an der **Plaza España** schnuppern. Der von Indischen Lorbeerbäumen beschattete Platz ist mit seinen Cafés der soziale Mittelpunkt des Städtchens.

Wer es lieber beschaulich mag, zieht sich hinter die Pfarrkirche **Nuestra Señora de los Remedios** auf die **Plaza Chica** zurück, die mit ihren Steinbänken und dem unter mächtigen Palmen plätschernden

Brunnen der wohl idyllischste Winkel der Stadt ist.

Der Geschichte, Religion und Kultur der Inselbewohner in vorspanischer Zeit widmet sich das interessante **Museo Arqueológico Benahoarita** (Camino de Las Adelfas; Mo–Fr 9–20, Sa 10–14 Uhr).

Im Ortsteil **Argual** wird auf der Plaza de Sotomayor sonntags ein Flohmarkt abgehalten. Parallel dazu gibt im **Atelier Artefuego** der Glasbläser Dominic Kessler eine Kostprobe seiner Kunst (www.artefuego.com; tgl. außer Do 10–14 Uhr).

INFOS

Oficina Municipal de Turismo
- Avenida Dr. Fleming, s/n
  Los Llanos de Ariadne
  Tel. 922 40 25 83

VERKEHR

- **Busverbindungen:** Santa Cruz, Tazacorte, Puerto Naos (stdl.), Los Canarios und Las Tricias (mehrmals tgl.).

HOTELS

Finca Sueño La Palma €€
Sechs renovierte Bungalows mit Blick auf Orangenplantagen in sehr ruhiger Lage; mit Tennisplatz und Pool.
- Camino del Corujo, 6 | Todoque
  Tel. 662 29 24 08
  www.suenolapalma.nl

Holidays €
Die deutschsprachige Vermieterin hat zwischen Los Llanos und Puerto Naos rund 30 Bungalows und Appartements im Angebot. Auch Autovermietung.
- La Laguna, 333 | Tel. 922 46 24 06
  www.holidays-lapalma.de

RESTAURANT

El Hidalgo €€
Gemütliches Lokal, internationale Küche. So Ruhetag.
- La Salud, 21
  Los Llanos de Ariadne
  Tel. 922 46 31 24
  www.lapalma-hidalgo.com

TAZACORTE 11 📖 B3

Hier auf der Westseite der Insel wurde ursprünglich Zuckerrohr kultiviert, inzwischen ist die Region das größte Bananenanbaugebiet der Insel. Die schmucke Häuserzeile entlang der Avenida de la Constitución verleiht Tazacorte ein kleinstädtisches Flair. Unterhalb davon veranschaulicht das **Museo del Plátano,** wie die Banane ihren Weg nach La Palma gefunden hat (Calle Miguel Unamuno; Mo–Fr 10–13.30, 16–18, Sa 10–13 Uhr). Angeschlossen ist das **Museo del Mojo y del Licor de Café** über die beiden typisch kanarischen Spezialitäten.

Ein enges Sträßchen führt 2 km hinunter zum **Puerto de Tazacorte.** Die Fußgängerpromenade, die sich an einem durch eine Mole geschützten, viel besuchten feinen Sandstrand am Fuß eines Steilkaps erstreckt, wird von Fischlokalen und Läden gesäumt.

Vom Hafen in Tazacorte kann mit einem Ausflugsschiff die **Cueva Bonita** angefahren werden (Infos direkt an der Hafenmole). Die Meereshöhle liegt etwa fünf Seemeilen weiter nördlich. Der Törn lohnt besonders am späten Nachmittag, wenn die Sonne tief genug steht, um

Buntes Treiben auf dem Bauernmarkt in Puntagorda

die Grotte eindrucksvoll auszuleuchten. Gelegentlich begleiten Delfine die Schiffe.

Hacienda de Abajo €€€

Sehr stilvolles, nostalgisches Nobelhotel. Nur für Erwachsene!

• Calle Miguel de Unamuno, 11 Puerto de Tazacorte | Tel. 922 40 60 00 www.hotelhaciendadeabajo.com

RESTAURANT

Kiosco Montecarlo €€

Der Fisch kommt fangfrisch vom nahen Hafen, serviert auf der Terrasse an der Strandpromenade. Wenn es voll ist, weicht man in den **Kiosco Teneguía** nebenan aus.

• Plaza de Castilla | Puerto de Tazacorte Tel. 922 48 05 33

PUNTAGORDA 12 📖 B2

Die weitläufige Streusiedlung im Nordwesten ist von fruchtbarem Kulturland umgeben. Besonders reizvoll ist die Region im Februar zur Zeit der Mandelblüte, die mit einer großen Fiesta ausgiebig gefeiert wird › S. 48. Das Wahrzeichen von Puntagorda ist ein betagter Drachenbaum am südlichen Ortseingang. Jedes Wochenende wird ein großer **Bauernmarkt** *(mercadillo)* abgehalten (Sa 15–19, So 11 bis 15 Uhr). › mehr S. 14 Punkt 16

Vom 4 km entfernten **Las Tricias** führt eine zweistündige Wanderung durch reizvolles Bauernland zu den ehemaligen Guanchenhöhlen von Buracas. In einer restaurierten Windmühle informiert das neue **Museo del Gofio** über das Grundnahrungsmittel der Kanaren (Mo bis Sa 10–18, So 10–16 Uhr).

HOTEL

Mar y Monte €

Nette kleine Nichtraucherpension mit fünf hübsch möblierten Zimmern und zwei Etagenbädern. Deutsche Leitung.

• Calle Pino de la Virgen, 7 Puntagorda | Tel. 922 49 30 67 www.la-palma-marymonte.de

BARLOVENTO 13 📖 C2

Die nordöstlichste Siedlung der Insel liegt auf 550 m Höhe und ist dem Passat ungeschützt ausgesetzt. Im Winter trägt die Hochebene ein sattgrünes Wiesenkleid und macht der »Isla verde« alle Ehre, und auch im Sommer entpuppt sich der Landstrich als wahres Idyll. Am dritten Augustsonntag wird in Barlovento die Fiesta de Nuestra Señora del Rosario gefeiert.

HOTEL
La Palma Romántica €
Berghotel im traditionellen Inselstil mit Pool, Sauna, Tennisplatz und gutem Restaurant.
• Las Llanadas | Tel. 922 18 62 21
  www.hotellapalmaromantica.com

SAN ANDRÉS 14 📖 C2

Der von Bananenplantagen eingerahmte Ort an der Ostküste gilt als eines der hübschesten Inseldörfer. An dem von Palmen beschatteten **Kirchplatz** lässt sich in einem Terrassenlokal die entspannte Atmosphäre genießen. Einen Meerzugang gibt es in San Andrés nicht, dafür 2 km nordwärts das Meeresschwimmbecken **Charco Azul.**

Ein Stück weiter südlich von San Andrés erreicht man **Los Tilos,** das ein beliebter Ausgangspunkt für Wanderungen durch die Lorbeerwälder des Biosphärenreservats ist. Nahe des Besucherzentrums beginnt ein ausgeschilderter Naturlehrpfad *(sendero autoguiado).*

RESTAURANT
San Andrés €€
Wunderbares Terrassenlokal an der palmenbestandenen Plaza. Serviert wird schmackhaft zubereitete kanarische Küche. Mi geschl.
• Plaza de San Andrés
  Tel. 922 45 17 25
  www.restaurantesanandres.com

💬 DIE WALLFAHRT ZUR HEILIGEN JUNGFRAU VOM SCHNEE

Mit viel Lokalkolorit behaftet ist die Bajada de la Virgen de las Nieves, eines der größten Feste des Archipels. Ihren Ursprung hat sie im Jahr 1676, als eine anhaltende Dürre die Getreideernte zu vernichten drohte. Auf Geheiß des kanarischen Bischofs Jiménez wurde eine Bittprozession um Regen abgehalten, in der die Marienfigur Virgen de las Nieves von der gleichnamigen Wallfahrtskirche hinunter in die Hauptstadt getragen wurde. Der Himmel hatte ein Einsehen und öffnete schließlich seine Schleusen – die Ernte war gerettet. Seither wird die Prozession alle fünf Jahre im Sommer wiederholt (nächste Termine: 2020, 2025).

Auch wenn gerade keine Bajada abgehalten wird, lohnt sich der Besuch der prächtigen Wallfahrtskirche Las Nieves. Die in einen silbernen Strahlenkranz gehüllte Terrakottafigur der »Jungfrau vom Schnee« thront über einem Hochaltar aus massivem Silber.

LA GOMERA

Der Barranco de Taguluche
zieht sich bis zur Westküste

*Jahrelang als Aussteigerinsel und Szenetreff etiket-
tiert, wird La Gomera mehr und mehr von Wanderern und Mountainbikern entdeckt. Als grüne Lun-
ge der nach wie vor recht ursprünglich gebliebenen
Insel fungiert der Nationalpark Garajonay.*

Besonders angezogen fühlen sich
Naturfreunde, vor allem Wanderer
und Biker. Die wild zerklüftete, von
zahllosen Cañons durchzogene Insel garantiert Natur pur, das Hochland ist als Nationalpark und Weltnaturerbe geschützt.

Der aufstrebende Tourismus
konzentriert sich an der Südwestküste im Palmental von Valle Gran

Rey, viele kleine Appartement-
häuser sind auf Individualreisende
eingestellt. Etwas kleiner ist der
Ferienort Playa de Santiago an der
Südküste. In den Tälern von Hermigua und Vallehermoso konnte sich
ein bescheidener Landtourismus
entwickeln. Etliche alte Bauernkaten und Fincas versprechen ruhige,
erholsame Ferien.

TOUREN AUF LA GOMERA

TOUR ❼
IN DEN GARAJONAY-NATIONALPARK
Valle Gran Rey › El Cercado › Chipude
› Mirador de Igualero › Mirador de los
Roques › Garajonay

TOUR ❽
BOOTSFAHRT NACH LOS ÓRGANOS
Valle Gran Rey › Los Órganos

TOUREN IN DER REGION

IN DEN GARAJONAY-NATIONALPARK

> **ROUTE:** Valle Gran Rey › El Cercado › Chipude › Mirador de Igualero › Mirador de los Roques › Garajonay › Valle Gran Rey
>
> **KARTE:** Seite 90
> **DAUER:** 1 Tag; Fahrstrecke: 32 km
> **PRAKTISCHER HINWEIS:**
> • Da das Hochland oft von Passat-wolken eingehüllt ist, sollte man wärmende und vor Nässe schützende Kleidung mitnehmen.

TOUR-START:
Von **Valle Gran Rey** 3 › S. 94 fährt man zunächst bis Arure hinauf und biegt dort nach Las Hayas ab. In **El Cercado** lohnt sich ein Besuch in einem der Töpferstudios, in denen nach Guanchenart einfache Gebrauchskeramik hergestellt wird. Der Nachbarort **Chipude** wird von der imposanten Fortaleza de Chipude (1241 m) überragt. Der markante Tafelberg war während der spanischen Eroberung letzter Fluchtort der Ureinwohner. Einen prächtigen Ausblick auf den Berg und die Südküste hat man vom im Nationalparkgebiet gelegenen **Mirador de Igualero.** Am Straßenkreuz Pajarito

der Höhenstraße ein kurzes Stück in Richtung San Sebastián folgend, erreicht man den **Mirador de los Roques,** von dem sich das schönste Panorama über die frei gewitterten Vulkanschlote am Südrand des **Nationalparks Garajonay** 7 › S. 97 eröffnet. Der markanteste Fels ist das Inselwahrzeichen Roque Agando (1250 m). Zurück am Kreuz Pajarito wird rechts haltend der Parkplatz Alto de Contadero (1350 m) erreicht. Von dort kann man auf einem ausgeschilderten Wanderweg in einer knappen halben Stunde La Gomeras höchsten Gipfel, den **Garajonay** (1487 m) besteigen. Zum Abschluss bietet sich im Nationalpark eine Einkehr im Landgasthof Laguna Grande › S. 97 an, bevor es nach **Valle Gran Rey** zurückgeht.

BOOTSFAHRT NACH LOS ÓRGANOS

> **ROUTE:** Valle Gran Rey › Los Órganos
>
> **KARTE:** Seite 90
> **DAUER:** 1 Tag
> **PRAKTISCHER HINWEIS:**
> • Wer zur Seekrankheit neigt, sollte bei der Tourenplanung berücksichtigen, dass der Wellengang unterwegs recht rau sein kann.

TOUR-START:

Vom Hafen Vueltas in **Valle Gran Rey** **3** › S. 94 werden bei geeignetem Wetter mehrmals in der Woche Bootstrips nach **Los Órganos** an der Nordküste organisiert. Die imposanten, wie Orgelpfeifen angeordneten Basaltpfeiler ragen als Steilwand bis zu 80 m aus dem Meer. Das Naturwunder entstand durch aus dem Erdinneren hochgeschobene erkaltete Magma. Das Besondere: Die Orgelpfeifen sind nur vom Wasser aus einsehbar. Der Bootsausflug an die Nordküste dauert etwa 3 Stunden. Unterwegs kann sich auch die Möglichkeit bieten, Delfine zu beobachten.

UNTERWEGS AUF LA GOMERA

SAN SEBASTIÁN **1** 📖 F7

Der Hafen von San Sebastián ist das Nadelöhr für die meisten Besucher von La Gomera. Die Überfahrt mit der Fähre dauert lediglich 40 Minuten, weshalb sich von Teneriffa aus bereits ein Tagesausflug lohnt.

Ein Stadtbummel durch die kleine Hauptstadt (9000 Einw.) ist keine große Affäre: Sämtliche Sehenswürdigkeiten konzentrieren sich in den beiden parallel verlaufenden Hauptstraßen. Am Anfang der Fußgängerstraße Calle Real stößt man auf das historische **Zollhaus,** ein kleines, recht unscheinbares Gebäude aus dem 17. Jh. Aus dem **Pozo de Colón** im Innenhof des Zollhauses hat angeblich schon Christoph Kolumbus bei seinem Zwischenstopp auf La Gomera seine Wasservorräte aufgefüllt, in der Calle Real Nr. 56 soll er genächtigt haben.

Das wuchtige Bollwerk **Torre del Conde** nahe der Plaza de las Américas gilt als ältestes Bauwerk der Stadt. 1447 errichtet, diente es den Spaniern als Zuflucht vor den noch nicht gänzlich befriedeten Ureinwohnern.

In der bis auf das Jahr 1490 zurückgehenden Pfarrkirche **Nuestra Señora de la Asunción** soll Kolumbus gebetet haben. Neben der Kirche erzählt das **Museo Arqueológico** von der bewegten Inselgeschichte (Calle Torres Padilla, 8; Mo–Fr 9–14 u. 15-17 Uhr, Sa/So/Fei geschl.).

San Sebastiáns legendäres Kolumbushaus

Karte S. 90

INFOS

Oficina Insular de Turismo
- Calle Real, 32 | San Sebastián
  Tel. 922 14 15 12
  www.lagomera.travel

VERKEHR

- **Schiffsverbindungen:** Los Cristianos/
  Teneriffa ca. 6-mal tgl.; La Palma 1-mal
  tgl., Playa de Santiago/Valle Gran Rey
  3-mal tgl.
- **Busverbindungen:** Nach Valle Gran Rey,
  Playa de Santiago und Vallehermoso (jeweils 4-mal tgl.).

HOTEL

Parador Conde de La Gomera €€€
Tolle Lage auf einem Felsvorsprung über
dem Hafen, mit Garten und Teide-Blick.
- Tel. 922 87 11 00 | San Sebastián
  www.parador.es

RESTAURANTS

Cuatro Caminos €€
Alteingesessenes Restaurant, das in moderne Räumlichkeiten umgezogen ist. An
der bodenständigen kanarischen Küche
hat sich dadurch nichts geändert.
- Calle República de Chile, 2
  San Sebastián | Tel. 922 14 12 60

Tasca La Salamandra €€
Heimeliges Lokal in einer autofreien
Altstadtgasse. So Ruhetag, Mo nur abends
geöffnet.
- Calle Real, 16 | San Sebastián
  Tel. 626 22 33 01

La Vieja Casa €
Atmosphärisches Lokal in der Fußgänger-
zone, typische Tapas.
- Calle Real, 23
  San Sebastián | Tel. 922 87 13 35

PLAYA DE SANTIAGO

2 F7

An diesem aus mehreren kleinen
Ortsteilen bestehenden Ferienort
konnte sich ein bescheidener Badetourismus etablieren. Der oberhalb
des Ortes gelegene Flugplatz stört
kaum, es starten und landen nur
sehr wenige kleinere Maschinen pro
Tag. Seinen wirtschaftlichen Auf-
schwung verdankt Santiago dem
norwegischen Reeder Fred Olsen,
der nicht nur künstlich bewässerte
Obstplantagen im Tal anlegen ließ,
sondern mit dem Bau des größten
Komforthotels der Insel und eines
Golfplatzes auch dem Tourismus
auf die Sprünge half.

HOTELS

Jardín Tecina €€€
Schönes Klubhotel in exponierter Lage auf
einem Felskap; mit 18-Loch-Golfplatz und
Tauchschule.
- Lomada de Tecina | Playa de Santiago
  Tel. 922 14 58 50
  www.jardin-tecina.com

Tapahuga €€
Appartementanlage der Mittelklasse in
Hafennähe.
- Avda. Marítima | Playa de Santiago
  Tel. 922 89 51 59
  www.tapahuga.es

RESTAURANT

La Cuevita €€
Das Höhlenlokal serviert gute Fisch-
gerichte. So geschl.
- Avda. Marítima, 60 | Playa de Santiago
  Tel. 922 89 55 68

Das Dorf Los Granados zwischen Palmenhainen im oberen Valle Gran Rey

VALLE GRAN REY

 3 ⭐5 📖 E7

Kunstvoll terrassierte Hänge und ausgedehnte Palmenhaine machen das Valle Gran Rey zu einer der faszinierendsten Kulturlandschaften des Archipels. › mehr S. 18 Punkt ⓳ Seit sich Ende der 1960er-Jahre die ersten Hippies und Aussteiger im Tal einmieteten, hat sich so manches verändert. Doch obwohl ständig neue Pauschalunterkünfte in den verschiedenen Ortsteilen entstehen, wohnt der größte Teil der Gäste nach wie vor in einfachen, familiär geführten Pensionen und kleinen Appartementhäusern.

Eine Perle von Dorf ist **La Calera,** wo man in den verwinkelten und autofreien Gassen ungestört flanieren kann. Der Ortsteil **La Playa** mit seinem Lavastrand wandelt sich Zug um Zug zu einem Badeort. › mehr S. 17 Punkt ㉙ Im Hafen von **Vueltas** werden Walsafaris und Bootsausflüge angeboten.

Das Valle Gran Rey ist ein idealer Ausgangspunkt für Wanderungen, Veranstalter vor Ort bieten auch organisierte Touren an. Vom **Mirador César Manrique,** genießt man einen fulminanten Ausblick in das terrassierte Palmental. Allerdings ist das Innere der Anlage mit seinen riesigen, schrägen Glasscheiben seit Jahren geschlossen.

INFOS

Oficina de Turismo
• Calle El Caidero, 16 | La Calera
Tel. 922 80 54 17
www.vallegranrey.es

HOTELS

Gran Rey €€

Das beste Haus im Tal ist keine architekto-
nische Augenweide, dafür umweltgerecht
geführt und mit tollem Dachpool.

- Avenida Marítima, 1 | La Puntilla
  Tel. 922 80 58 59
  www.hotelgranrey.es

Paraíso del Conde €

Großzügige, ruhige Appartements direkt
am Meer; unter deutscher Leitung.

- Avenida Marítima, 20 | La Puntilla
  Tel. 922 80 59 21
  www.paraiso-del-conde.eu

Jardín Concha €

Hübsches kleines Hotel mit toller Aussicht
auf Bananenplantagen und Atlantik. In einer autofreien, malerischen Gasse; sehr
kleine Zimmer.

- La Calera | Tel. 922 80 60 63
  www.hotelconcha.net

RESTAURANTS

El Baifo €€

Tolle malaysische Küche mit Wokgerichten,
Bami Goreng und zarter Ente. Das Restaurant ist sehr populär – unbedingt reservieren! Ab 18.30 Uhr, Fr geschl.

- Edificio Normara | La Playa
  Tel. 922 80 57 75

Mangove €€

Das Restaurant serviert spanische und
typische Inselküche; mit Terrasse direkt
auf der kleinen Promenade. Mi geschl.

- Las Palmeras, 2 | La Playa
  Tel. 922 80 53 62

NIGHTLIFE

Im Hafenviertel Vueltas ist das orientalisch
angehauchte Café **Támbara** beliebt zum
Sonnenuntergang (Calle Telémaco, 5;
Mo geschl.), eine Szenebar für Nachtschwärmer ist dort **Cacatúa** (Calle Abi-
cinia, 5; So geschl.).

VALLEHERMOSO 4 ◼ F6

Das »schöne Tal« hält, was sein
Name verspricht. Im Frühjahr ver-
wandeln sich die Hänge in einen
herrlich blühenden Obstgarten. An
der **Playa de Vallehermoso** hat
man die Wahl zwischen einem gefahrlosen Meeresschwimmbad und
dem Kieselstrand mit meist starker
Brandung. Auf den Klippen thront
die alte Bananenverladestation **Castillo del Mar.**

Von Vallehermoso aus können
reizvolle Wanderungen unternommen werden. Sehr beliebt ist der
Aufstieg zur der aussichtsreich gelegenen **Ermita de Santa Clara**
(1½ Std.). Ausgangspunkt ist der
Friedhof am westlichen Ortsrand.

HOTEL

Hotel Rural Tamahuche €€

Zehn gemütliche Zimmer mit traditionellen
Stilelementen, in einem Bürgerhaus von
1896 mit schönen Innenhöfen und Ter-
rassen. Nachhaltigkeit ist Prinzip.

- La Hoya, 20 | Vallehermoso
  Tel. 922 80 11 76
  www.hoteltamahuche.com

RESTAURANT

Central €

Von dem Terrassenlokal am Dorfplatz hat
man bei Tapas oder kleineren Gerichten
alles Blick. So geschl.

- Plaza de la Constitución, 7
  Vallehermoso | Tel. 922 80 00 23

AUSFLUG: CHORROS DE EPINA **5** 📖 E6

Von Vallehermoso geht es in Serpentinen zum Aussichtslokal **Epina** hinauf, das einen tollen Blick auf die einem Flickenteppich gleichenden Felder bietet. Das Wasser der Quellen am nahen Picknickplatz **Chorros de Epina** soll – in der richtigen Reihenfolge getrunken – magische Kräfte haben und Glück in der Liebe bescheren sowie gegen Hexerei, Krankheiten und Eifersucht helfen.

AGULO **6** 📖 F6

Der kleine Gemeindeort gilt als das malerischste Dorf der Insel. Umrahmt von einer terrassierten Gartenlandschaft, wirkt das geschlossene Ortsbild wie ein Relikt aus der Kolonialzeit. Die **Pfarrkirche San Marcos** hebt sich von anderen Inselkirchen durch ihr maurisch inspiriertes Kuppeldach ab.

Agulo ist für die tolle Aussicht auf den zum Greifen nahen Pico del Teide auf Teneriffa bekannt. › mehr S. 13 Punkt **4**

RESTAURANT

La Vieja Escuela €
In der ehemaligen Dorfschule wird jetzt typische Regionalküche aufgetischt.
• Calle Poeta Trujillo, 2 | Agulo
Tel. 922 14 60 04
www.restaurantelaviejaescuela.es

HERMIGUA **7** 📖 F6

Das landwirtschaftliche Zentrum von Gomera ist das lang gestreckte Straßendorf **Hermigua** im Inselnorden. In dem wasserreichen Tal werden vornehmlich Bananen kultiviert. Im oberen Ortsteil ist mit dem **Molino de Gofio Los Telares** eine restaurierte Gofiomühle zu besichtigen (mit Souvenirshop).

Das weiter unterhalb an der Durchgangsstraße gelegene **Museo Etnográfico** informiert über die

---

💬 DIE PFEIFSPRACHE EL SILBO

»Hola Miguel! Hast du meine grauweiße Ziege gesehen?« Von der anderen Seite der Schlucht, tief unten im Tal, tönt die Antwort herauf: »Mach dir keine Sorgen, Juanito! Sie ist bei mir, ich habe sie schon gemolken.«

Zwei Silbaderos unterhalten sich – pfeifend, wohlgemerkt. El Silbo ist ein weltweit einzigartiges Kommunikationssystem, das seine Entstehung sehr wahrscheinlich der zerklüfteten Inseltopografie verdankt. Schon die Ureinwohner La Gomeras sollen sich pfeifend von Schlucht zu Schlucht verständigt haben, bei guten Windverhältnissen können so mehrere Kilometer überbrückt werden. Mit dem Telefon bekam die Pfeifsprache ernsthafte Konkurrenz, sodass nur noch wenige Gomeros richtig zu pfeifen verstehen. So mancher Silbadero verdient mit einer Kostprobe seiner Finger- und Zungenfertigkeit vor Touristengruppen ein willkommenes Zubrot.

Alltagskultur auf der Insel (Di–Sa 10–14 u. 15–18 Uhr).

Im Sommerhalbjahr ist die über ein sehr schmales Sträßchen erreichbare **Playa de la Caleta** ein guter Badeplatz an der sonst eher rauen Nordküste.

HOTELS

Ibo Alfaro Hotel Rural €
Stilvolles Landhotel in aussichtsreicher Hanglage.
• Valle Alto | Tel. 922 88 01 68
  www.hotel-gomera.com

Los Telares €
Komplett eingerichtete, geräumige Appartements mit Küche und Bad.
• Carretera General de Hermigua, 10
  Hermigua | Tel. 922 88 07 81
  www.apartamentosgomera.com

Villa Hermigua €
Kleines Landhotel in der früheren Dorfschule; individuelle Zimmer.
• Carretera General de Hermigua, 117
  Hermigua | Tel. 922 88 07 77
  www.hotelrural-villahermigua.com

RESTAURANT

Café Bar Pedro €
Beliebtes Café (ehemals Casa Creativa); Terrasse mit Berg- und Talblick.
• Carretera General del Norte, 156
  Hermigua | Tel. 922 88 09 91

NATIONALPARK GARAJONAY 8 ⭐ ▌ F6/7

Das UNESCO-Weltnaturerbe im hügeligen Hochland wird vom namensgebenden höchsten Berg, dem Garajonay (1487 m), überragt. Die bereits 1978 unter Schutz gestellte Region ist von dichten Wäldern überzogen. Markenzeichen des Naturparks sind die Lorbeerbäume mit bemoosten Stämmen und bizarr von den Ästen flatternden Bartflechten, die nicht nur die hohe Luftfeuchtigkeit verraten, sondern gleichzeitig als Indikator für die saubere Hochlandluft der Insel gelten. An der südlichen Grenze des Parks machen seltsam geformte Felsen auf sich aufmerksam.

Das **Besucherzentrum Juego de Bolas,** zu dem auch ein kleiner botanischer Garten gehört, bietet nach Voranmeldung kostenlose geführte Wanderungen (Lugar La Palmita, s/n, Agulo, Tel. 922 80 09 93; tgl. 9.30–16.30 Uhr). Von hier führt eine Piste zur **Laguna Grande** (1240 m), mit Abenteuerspielplatz, Picknickstellen und Ausflugslokal. Der Parkplatz Alto de Contadero unterhalb des Garajonay dient als Ausgangspunkt für eine Nationalpark-Wanderung. Als Raststation wie geschaffen ist die Bar La Vista im Weiler **El Cedro,** die auch schlichte Unterkünfte bietet (Tel. 922 88 09 49, www.camping-lavista.jimdo.com). › mehr S. 15 Punkt ⑰

Kurz hinter dem Dorf beginnt ein atemberaubender, langer Abstieg ins 600 m tiefer gelegene Tal von Hermigua. Für die mittelschwere bis anspruchsvolle Wanderung sind ohne Rückweg ca. 3½ Std. reine Gehzeit einzuplanen. Die **El-Cedro-Tour** inklusive Rücktransfer ab Hermigua bieten Hotels und Veranstalter im Valle Gran Rey an.

EL HIERRO

Wanderschäfer mit seiner Herde
im Binnenland von El Hierro

Die kleinste der Kanareninseln in der südwestlichen Ecke des Archipels ist touristisch bislang kaum erschlossen. Der Passat zieht ihr ein feuchtes, grünes Gewand an, das mit dem Schwarz der schroffen Lavafelder kontrastiert.

Bislang wissen nur Individualisten die Randlage der Insel zu schätzen, daher tröpfelt lediglich ein verhaltener Strom von Fremden in die westlichste Ecke des Archipels. Eine nennenswerte touristische Infrastruktur gibt es lediglich im Golftal und an der von der Sonne verwöhnten Südspitze in La Restinga. Neben einigen Appartementhäusern existiert auf El Hierro nur ein einziges 4-Sterne-Hotel. Eins sein mit sich und der Natur – diese von Touristikern gern bemühte Floskel darf man auf El Hierro, das im Jahr 2000 zum Biosphärenreservat erklärt wurde, wörtlich nehmen. Hier fühlt man sich ganz dem sanften Touris-

mus verpflichtet. Ehrgeizig ist das Ziel, bereits in einigen Jahren den kompletten Energiebedarf aus Wind- und Wasserkraftwerken decken zu wollen.

Vor allem bei Tauchern eine feste Größe ist La Restinga, der vorgelagerte Küstenstrich mit etlichen herausragenden Tauchplätzen, der als Meeresreserve geschützt ist. Wer nicht taucht, geht der Lieblingsbeschäftigung auf El Hierro nach: dem Wandern. Die mit knapp 11 000 Einwohnern dünn besiedelte Insel ist gut mit Wanderwegen erschlossen. Markenzeichen sind etliche atemberaubende Aussichtsplätze entlang des steil abbrechenden Hochlandes.

TOUREN IN DER REGION

ANS »ENDE DER WELT« IM ÄUSSERSTEN WESTEN

ROUTE: La Frontera › Tigaday › Sabinosa › Playa del Verodal › La Dehesa › Faro de Orchilla › Ermita de los Reyes › Malpaso

KARTE: Seite 101
DAUER: 1 Tag; Fahrstrecke: 70 km
PRAKTISCHE HINWEISE:

• Für die Rundtour auf schmalen, teils ungeteerten Straßen empfiehlt sich ein geländegängiger Wagen, bei vorsichtiger Fahrweise genügt auch ein normaler Pkw.
• Eine detaillierte Inselkarte sollte man zur Orientierung auf alle Fälle dabeihaben.

TOUR-START:

Von **La Frontera** [4] › S. 103 im Golftal führt ein Sträßchen zunächst in den Nachbarort **Tigaday,** der mit einem bizarren Drachenbaum nördlich der Hauptstraße aufwartet. Die weitere Fahrt verläuft sehr aussichtsreich parallel zur Golfküste nach **Sabinosa.** Der reizvolle Ort ist wegen seines radiumhaltigen Gesundbrunnens Pozo de la Salud bekannt, der einzigen Heilquelle der Kanarischen Inseln. Kurgäste kommen hier im Balneario unter (Tel. 922 55 94 65).

Nach den Lavafeldern von Arenas Blancas wird im äußersten Westen die **Playa del Verodal** vor imposanter Felskulisse erreicht. Der leicht rötliche, grobe Sandstrand gilt als der schönste und längste der Insel. Angesichts der oft unberechenbaren Strömungsverhältnisse sollte man sich jedoch besser auf ein Fuß- und Sonnenbad beschränken.

Von der Küste geht es hinauf zur Hochebene **La Dehesa.** Das botanische Highlight des menschenleeren Landstriches sind die unter Naturschutz stehenden Wacholderbäu-

TOUREN AUF EL HIERRO

TOUR ❾

ANS »ENDE DER WELT« IM ÄUSSERSTEN WESTEN

La Frontera › Tigaday › Sabinosa › Playa del Verodal › La Dehesa › Faro de Orchilla › Ermita de los Reyes › Malpaso

TOUR ❿

DÖRFER & BADEBUCHTEN IM NORDEN

Valverde › Mirador del Tamaduste › Charco Manso › Pozo de las Calcosas › Mocanal › Mirador de la Peña

me: Die verkrüppelten Windflüch-
ter, die ihre meist rechtwinklig
abgeknickte Krone tief über der
Erde tragen, führen sozusagen eine
Existenz im Windkanal.

Zu El Hierros Westkap Punta de
Orchilla fährt man die Piste hinunter zum Leuchtturm **Faro de Orchilla,** wo im 2. Jh. n. Chr. Ptolemäus den Nullmeridian markierte.
Bis weit in die Neuzeit hinein galt El
Hierro als westlichster Punkt der
bekannten Welt.

Auf dem Rückweg verdient die
Ermita de los Reyes mit ihrer Ma-
donnenfigur einen Besuch. Das
Kirchlein ist alle fünf Jahre Ausgangspunkt einer großen Wallfahrt,
bei der die Madonnenstatue auf einer Marathonstrecke quer durchs
Hochland in die Hauptstadt Valverde getragen wird. Anschließend
passiert man den **Pico de Malpaso**
(1500 m), El Hierros höchsten Gipfel, und trifft nach Cruz de los Reyes
wieder auf die Straße ins Golftal.

🔲 NEBELSUPPE

Das Wetter im Hochland hat so
seine Eigenarten. Von den Her-
reños mit stoischer Gelassen-
heit ertragen wird die Bruma
(oder Calima), eine vom Nordostpassat zusammengerührte
neblige Suppe, die den Norden
im Winter oft tagelang einlullt.
Die Einheimischen hüllen sich
dann in bodenlange Mäntel ein
– und man mag kaum glauben,
dass El Hierro auf demselben
Breitengrad wie Kairo liegt.

TOUR 10

DÖRFER & BADE-
BUCHTEN IM NORDEN

ROUTE: Valverde › Charco Manso ›
Pozo de las Calcosas › Mocanal ›
Mirador de la Peña

KARTE: Seite 101
DAUER: 1 Tag; Fahrstrecke: 25 km
PRAKTISCHER HINWEIS:
• Wegen der nachmittags oft aufzie-
henden Passatwolken startet man
am besten am frühen Vormittag.

TOUR-START:

Von **Valverde** **1** › S. 102 fährt man
zunächst zum Mirador del Tamaduste, dann nordwärts in den
Weiler **Echedo** und von dort die
Serpentinen hinunter zum **Charco
Manso,** einem Meerwasserpool, der
von einem Felsentor überspannt
wird. Zurück in **Echedo** hält man
sich an der Ermita San Lorenzo
rechts in Richtung Westen. Nach ca.
2 km kann man von der Sommersiedlung **Pozo de las Calcosas** aus
nochmals ans Meer gelangen. Wieder im Hochland, erreicht man das
Straßendorf **Mocanal,** in dem ein
Blick auf die hübsche Ermita de San
Pedro lohnt. Weiter im Westen steht
man kurz hinter dem Örtchen Gua-
razoca am von César Manrique entworfenen **Mirador de la Peña** **2**
› S. 102, wo man die tolle Aussicht
bei Regionalküche genießen kann.

UNTERWEGS AUF EL HIERRO

VALVERDE 1 📖 B8

Der Ort (5000 Einw.) ist die einzige Inselhauptstadt der Kanaren, die nicht am Meer, sondern im Hochland (600 m) liegt. Von einer Stadt kann eigentlich nicht die Rede sein, Valverde ist eher eine Ansammlung locker verstreuter Häuser. Gemüsegärten und krähende Hähne unterstreichen den dörflichen Charakter. Sehenswert in der 1405 gegründeten Stadt ist die Pfarrkirche **Nuestra Señora de la Concepción** (18. Jh.). In der **Casa de las Quinteras** versteckt sich hinter hübsch restaurierten Bruchsteinmauern ein kleines ethnografisches Museum (Mo–Sa 9 bis 15, Sa 9–13 Uhr, Eintritt 4 €).

INFOS

Patronato Insular de Turismo
• Dr. Quintero, 4 | Valverde
  Tel. 922 55 03 02
  www.elhierro.travel

VERKEHR

• **Busverbindungen:** Mo–Sa gibt es je eine Verbindung von Valverde in die wichtigsten Inselorte.

HOTELS

Parador de El Hierro €€
Die komfortabelste Unterkunft der Insel (4 Sterne) liegt 19 km außerhalb, am Ende einer weit geschwungenen Kiesbucht; großes Aktivprogramm, hervorragende Inselküche.
• Las Playas | Tel. 922 55 80 36
  www.parador.es

Boomerang €
Ruhiges, einfaches 2-Sterne-Hotel in der Nähe des Kirchplatzes.
• Dr. Gost, 1 | Valverde
  Tel. 922 55 02 00
  www.apartamentosboomerang.com

RESTAURANT

Los Reyes €
Beliebter Treffpunkt mit gut gefüllter Tapas-Vitrine.
• San Francisco, 1 | Valverde
  Tel. 928 55 00 09

AUSFLUG: MIRADOR DE LA PEÑA 2 ⭐ 6 📖 B8

Der Aussichtsplatz westlich von Valverde zählt zu den absoluten landschaftlichen und architektonischen Highlights der Insel: Nach Westen fällt das Land abrupt 700 m zum Meer in die weit geschwungene Bucht von **El Golfo** ab. Der Künstler César Manrique nutzte den Ort für das spektakuläre Panoramarestaurant Mirador de la Peña (Tel. 922 55 03 00), das kanarische Kost und Inselweine bietet. Durch die verglaste Fassade genießt man beim Essen einen tollen Ausblick auf die halbkreisförmige Golfbucht.

LAS PUNTAS 3 📖 B9

Der winzige Ort am Nordrand des Golftales besteht aus einer losen Ansammlung kleiner Appartementhäusern. An der alten Schiffsanlege-

Der von Manrique gestaltete Mirador de la Peña eröffnet spektakuläre Aussichten

stelle **Punta Grande** residiert eines der originellsten Hotels des Archipels: Das 1884 erbaute, gründlich modernisierte Lagerhaus liegt auf einer Landzunge, die auf drei Seiten vom Meer umtost wird.

Landeinwärts laden die winzigen Bauernkaten des **Ecomuseo de Guinea** zum Besuch. Zum Museum gehört eine Zuchtstation für eine vom Aussterben bedrohte Rieseneidechse (Calle General las Puntas; tgl. 10–18 Uhr).

HOTEL
Punta Grande €€€
Vier Mini-Zimmer bescherten dem Haus den Eintrag ins Guinness-Buch als kleinstes Hotel der Welt; mit gutem Hotelrestaurant.
• Las Puntas | Tel. 922 69 16 93
www.hotelpuntagrande.com

LA FRONTERA 4 📖 B9

La Frontera ist das Verwaltungszentrum der Golfregion. Viele Geologen vermuten, dass die halbkreis-

förmige Bucht **El Golfo** durch eine von einem Erdbeben ausgelösten Naturkatastrophe entstanden ist. Vor gut 50 000 Jahren soll durch eine Art Urknall ein Drittel der Insel weggebrochen und versunken sein. Übrig blieb ein ca. 25 km langer Halbkrater, dessen Ränder von über 1000 m Höhe in einen breiten Küstensaum auslaufen. Die Region wird landwirtschaftlich intensiv genutzt, neben Bananen werden v. a. Ananas angebaut. › mehr S. 13 Punkt ❼

Das Wahrzeichen von La Frontera ist der adrette Glockenturm der **Iglesia de la Virgen de Candelaria.** Wie ein Versatzstück aus der Spielzeugkiste thront er einsam auf einem rotbraunen Vulkanstumpf. Die Kirche liegt ein wenig versteckt davon am Fuße des Hügels.

HOTEL
Hotelito Ida Inés €
Zwölf gemütlich eingerichtete Zimmer mit schönem Ausblick auf das Valle del Golfo und die Küste, familiär.

• Camino del Hoyo, s/n | La Frontera
Tel. 922 55 94 45 | www.hotelidaines.com

RESTAURANTS

El Guanche €€
Serviert typische kanarische Kost und
Tapas. Mo geschl.
• Calle Cruz Alta, 1 | Tigaday
Tel. 922 55 90 65

Joapira €€
Venezolanische Küche am Kirchplatz. So
geschl.
• Plaza Candelaria, 8 | La Frontera
Tel. 922 55 98 03

SHOPPING

Quesadillas La Herreña
Hier gibt es Käsekuchen und andere süße,
inseltypische Leckereien.
• Calle Las Lajas, 4 | La Frontera
www.quesadillas.es

EL PINAR [5] ⬛ B9

Die Ortsteile Las Casas und Tai-
biques bilden seit 2007 einen von
Frontera abgespalteten Gemeinde-
bezirk, der seinen Namen den Kie-
fernwäldern (span. *pinar*) in der
Umgebung verdankt. Vom nahe gelegenen Vulkankegel der **Montaña
de Tanajara** (912 m) bietet sich ein
grandioses 360°-Panorama über die
bewaldete Region. Nördlich von El
Pinar zeigt sich vom **Mirador de las
Playas** die gleichnamige Bucht wie
aus einem Flugzeugcockpit.

LA RESTINGA [6] ⬛ B10

Der sonnenreiche Ort in der süd-
lichsten Ecke des Archipels kam

2011 in die Schlagzeilen, als vor der
Küste ein von leichten Erdbeben
begleiteter Unterwasservulkan aus-
brach. Rund um den Hafen gibt es
etliche kleine Apartmenthäuser und
Fischlokale. Das vorgelagerte arten-
reiche Riff ist mit eines der besten
Tauchreviere des Kanarischen Archipels. › mehr S. 12 Punkt ❷

Das Centro de Interpretación
Vulcanológico oberhalb des Ortes
informiert über den Vulkanismus
auf den Kanaren und den Unter-
wasservulkan-Ausbruch von 2011
(Di–So 10–18 Uhr).

HOTEL

Apartamentos Bahía €
Einfache Appartements mit Meerblick.
• Avenida Marítima, 12 | La Restinga
Tel. 922 55 71 36 | www.apartamentos-
bahia-la-restinga.vivehotels.com

RESTAURANT

Tasca Avenida €
Bodenständiges Lokal mit Terrasse auf der
Hafenpromenade. Mo Ruhetag.
• Avenida Marítima 14
La Restinga | Tel. 669 52 44 20

AUSFLUG: CALA DE TACORÓN [7] ⬛ A9

In der Nähe von La Restinga lockt
das Meeresschwimmbecken in der
Cala de Tacorón. Die über ein 4 km
langes Sträßchen erreichbare Bucht
ist besonders am Spätnachmittag
sehr stimmungsvoll. Von dort kann
man auf steinigem Pfad in einer
Viertelstunde zur **Cueva del Diablo**
(Teufelshöhle) wandern.

GRAN CANARIA

Bei Gezeitenwechsel bietet sich im
Bufadero de La Garita bei Telde ein
einmaliges Naturschauspiel

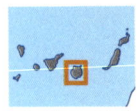

Gran Canaria überrascht durch seine Vielfalt und hat mehr zu bieten als Sandstrände und Amüsiermeilen. Fernab der quirligen Badezentren an der Südküste geht es im zentralen Bergland noch beschaulicher und ursprünglicher zu als man denkt.

Eine grandiose Dünenlandschaft im Süden, fruchtbares Kulturland im Norden und in der Mitte ein zerklüftetes Bergmassiv, dazu die kosmopolitische Metropole Las Palmas: Die Ferienorte konzentrieren sich an der Südküste (Costa Canaria) und Südwestküste (Costa Mogán). Hauptstrand ist die Playa del Inglés, die sich auf 6 km Länge von San Agustín bis hin zum Leuchtturm von Maspalomas erstreckt. Weite Teile des Inselinneren gehören zum UNESCO-Biosphärenreservat, das ursprüngliche Bergland ermöglicht Wanderern und Bikern herrliche Touren. Die Metropole Las Palmas de Gran Canaria weiß nicht nur durch die restaurierte koloniale Altstadt zu überzeugen, sondern auch mit ihrem kulturellen Angebot und den guten Einkaufsmöglichkeiten.

TOUREN IN DER REGION

TOUR 11

PANORAMASTRASSE IM WESTEN

ROUTE: Puerto de Mogán › Mogán › Tasartico › Playa del Asno › La Aldea de San Nicolás › Puerto de la Aldea › Puerto de las Nieves

KARTE: Seite 109
DAUER: 1 Tag; Fahrstrecke: 75 km
PRAKTISCHER HINWEIS:
• Die Straße ist z. T. kurvig, aber gut ausgebaut. Für Foto- und Badestopps sollte man Zeit einplanen.

TOUR-START:
Der dünn besiedelte Westen Gran Canarias wird durch die GC-200 erschlossen, die sich im Auf und Ab über schroff abfallende Küstenberge windet. Von **Puerto de Mogán** 9 › S. 118 fährt man zunächst landeinwärts zum noch agrarisch geprägten Ort **Mogán.** Die Straße schlängelt sich in vielen Kurven hinauf zur Passhöhe Degollada de la Aldea.

Von dort ist auf einer Stichstraße ein Abstecher über den Weiler **Tasartico** zur **Playa del Asno** möglich.

Zurück auf der GC-200 geht es weiter nach **La Aldea de San Nicolás,** dem Hauptort im Inselwesten. Auf dem fruchtbaren Schwemmlandboden in der Region werden in Treibhäusern vornehmlich Tomaten kultiviert. Völlig ungeschminkt gibt sich der steinige Strand am Minihafen **Puerto de la Aldea**, an dem sich ein paar einfache Fischlokale sowie ein Picknickplatz finden.

Der exponierte Aussichtsplatz **Mirador del Balcón** sorgt für beste Ansichten der wild zerklüfteten Küstenlandschaft. Dahinter ist die GC-200 wegen vieler Erdrutsche bis vor El Risco komplett gesperrt. Auf einer neuen Tunnelstrecke (GC-2) und über **Agaete** 🔟 ▶ S. 119 erreicht man schließlich **Puerto de las Nieves** 1️⃣1️⃣ ▶ S. 119, wo man vor der Rückfahrt in einem der Lokale rund um die Hafenmole noch eine Pause einlegen kann.

DIE NORDKÜSTE ENTLANG

ROUTE: Las Palmas ▶ Arucas ▶ Firgas ▶ Moya ▶ Los Tilos ▶ Cenobio de Valerón ▶ Gáldar ▶ Las Palmas

KARTE: Seite 109
DAUER: 1 Tag; Fahrstrecke: 85 km
PRAKTISCHER HINWEIS:
• In der Cueva Pintada in Gáldar finden Di–So mehrmals tgl. Führungen statt.

TOUR-START:

Von **Las Palmas** 1️⃣ ▶ S. 110 Richtung Westen fahrend erreicht man mitten im Bananengürtel **Arucas**.

Die Silhouette der drittgrößten Stadt Gran Canarias wird von der Iglesia de San Juan dominiert, einer recht monströs geratenen, neugotischen Kirche, von den Insulanern »Catedral« genannt. Das beste Panorama über die Region ermöglicht die **Montaña de Arucas** (412 m), von der aus sich praktisch die ganze Nordküste überblicken lässt.

In **Firgas** weiter westlich sprudelt eine Quelle, deren Mineralwasser in fast jedem Supermarkt der Insel zu kaufen ist. Sehr reizvoll gestaltet ist der Spazierweg Paseo de Gran Canaria, der von einer Wassertreppe begleitet wird. Im Nachbarort **Moya** ist die weithin sichtbare Iglesia del Pilar ein Blickfang: Die verschachtelt gebaute Pfarrkirche thront pittoresk am Rand eines Barrancos. Auf der Straße nach Santa Maria de Guía bietet sich ein kurzer Abstecher nach **Los Tilos** an. In dem üppig begrünten Tal finden sich noch Überreste eines Lorbeerwalds aus dem Tertiär.

An der mit »Cuesta de Silva« ausgeschilderten alten Küstenstraße liegt nahe Guía **Cenobio de Valerón** ▶ S. 41, eine der bedeutendsten altkanarischen Stätten des Archipels. Unter einem mächtigen Basaltbogen verbirgt sich ein mehrstöckiger Höhlenkomplex mit über 300 wabenförmig in den weichen Tuff gehauenen Höhlen (mit Museum). In der alten Königsstadt **Gáldar** 1️⃣2️⃣ ▶ S. 120 ist die Cueva Pintada einen Besuch wert (Museum und archäologischer Park).

Auf der GC-2 geht es dann schnell zurück nach **Las Palmas**.

TOUR 13

INS ZENTRALE BERGLAND

ROUTE: Maspalomas › Mundo Aborigen › Fataga › San Bartolomé de Tirajana › Roque Nublo › Pico de las Nieves › Tejeda

KARTE: Seite 109
DAUER: 1 Tag; Fahrstrecke: 60 km
PRAKTISCHER HINWEIS:
• Das Freilichtmuseum Mundo Aborigen hat tgl. 9–18 Uhr geöffnet. Wer zeitig aufbricht, kann es auch nachmittags zum Abschluss der Tour besuchen.

TOUR-START:

Den beeindruckendsten Zugang ins Bergland eröffnet von **Maspalomas** 5 › S. 116 aus die Straße durch den **Barranco de Fataga**. Am Schluchtanfang zeigt das Freilichtmuseum **Mundo Aborigen** in Rekonstruktionen das Leben der kanarischen Ureinwohner (Cta. de Fataga, km 6).

Dattelpalmen, tropische Früchte und kleine Gemüsefelder kündigen das malerisch zwischen den schroffen Felswänden platzierte Bergdorf **Fataga** an. Es lädt zum Bummel durch die verwinkelten Gassen mit den typischen schindelgedeckten Steinhäusern ein. Gleichsam eine Etage höher, schon auf 900 m, duckt sich **San Bartolomé de Tirajana** am Talausgang ans Zentralmassiv.

Die Früchte des hier intensiv betriebenen Obstanbaus werden zu einem nicht unbeträchtlichen Teil in kleinen Destillen zu Hochprozentigem gebrannt. Eine lokale Spezialität ist der Guindillo, ein köstlicher Sauerkirschlikör.

Beim Weiler Ayacata trifft man auf die Ringstraße, die auf imposante Weise das Herz der Insel umschließt. Der GC-600 folgend gelangt man nach 3 km zum Parkplatz La Goleta und von dort auf einem Wanderpfad in 30 Min. zum **Roque Nublo** (1813 m). Die markante Felsnadel genau im geografischen Zentrum der Insel ist ein besonders fotogenes Wahrzeichen Gran Canarias. Erosionskräfte haben vom Rest eines Vulkans alle lockeren Auswurfprodukte abgetragen, sodass nur noch der mit Magma gefüllte harte Schlotkern übrig ist. Einer geballten Faust ähnlich erhebt er sich etwa 80 m über dem Bergstock.

Von der Ringstraße lässt sich ein kurzer Abstecher zum **Pico de las Nieves** (1949 m), dem höchsten Berg der Insel, machen. Der Gipfel, auf dem eine Radarstation thront, ist militärisches Sperrgebiet. Man kann aber einen etwas tiefer gelegenen Aussichtspunkt ansteuern.

Am **Cruz de Tejeda** auf fast 1500 m Höhe treffen die von Las Palmas und Arucas hochführenden Straßen auf die Ringstraße. Die von einem steinernen Kruzifix markierte Passhöhe gilt als der prominenteste Aussichtspunkt der Insel. Auf der Rückfahrt in den Süden bietet sich eine Einkehr in dem hübschen Bergdorf **Tejeda** 14 › S. 120 an.

TOUREN AUF GRAN CANARIA

TOUR ⓫

PANORAMASTRASSE IM WESTEN

Puerto de Mogán > Mogán > Tasartico > Playa del Asno > La Aldea de San Nicolás > Puerto de la Aldea > Puerto de las Nieves

TOUR ⓬

DIE NORDKÜSTE ENTLANG

Las Palmas > Arucas > Firgas > Moya > Los Tilos > Cenobio de Valerón > Gáldar > Las Palmas

TOUR ⓭

INS ZENTRALE BERGLAND

Maspalomas > Mundo Aborigen > Fataga > San Bartolomé de Tirajana > Roque Nublo > Pico de las Nieves > Tejeda

UNTERWEGS AUF GRAN CANARIA

LAS PALMAS DE GRAN CANARIA **1** ▮ Q6

Las Palmas ist der wirtschaftliche und kulturelle Mittelpunkt Gran Canarias und zugleich Verwaltungszentrum für die Ostprovinz der Kanaren, zu der neben Gran Canaria auch Fuerteventura und Lanzarote gehören. Die mit Abstand größte Stadt der Inselgruppe (378 000 Einw.) wurde 1476 gegründet und präsentiert sich dem Besucher heute als multikulturelle und abwechslungsreiche Metropole: Koloniales Flair in der Altstadt paart sich mit Jugendstilvillen und modernen Bankpalästen, grüne Parkoasen stehen in herbem Kontrast zu den gesichtslosen Wohnkasernen in den ausufernden Vorstädten. Und wer auf Strandleben aus ist, kann auch das haben: Der kilometerlange Stadtstrand Las Canteras kann sich durchaus sehen lassen.

RUND UM DIE PLAZA SANTA ANA

An der Plaza Santa Ana im alten Stadtviertel La Vegueta konzentrierte sich nach der Conquista die politische und kirchliche Macht der neuen Herren. Der von Palmen gesäumte und von bronzenen Hundeskulpturen – eine Reminiszenz an die Wappentiere der Stadt – gezierte Platz wird von den beiden Türmen der **Catedral de Santa Ana** Ⓐ überragt. Ihre 500-jährige Bauge-schichte spiegelt sich in einem Sammelsurium der Stilepochen wider. In den Seitenkapellen sind die sterblichen Überreste einiger bedeutender Persönlichkeiten der Stadt beigesetzt. Der per Lift zugängliche Südturm bietet einen beeindruckenden Stadtblick. Das angeschlossene **Museo Diocesano de Arte Sacro** zeigt neben Gemälden flämischer Meister auch sakrale Gegenstände (Mo–Fr 10–16.30, Sa 10 bis 13.30 Uhr).

Gegenüber der Kathedrale wird der Platz vom alten **Ayuntamiento** Ⓑ (Rathaus) aus der zweiten Hälfte des 19. Jhs. begrenzt. Den Vorläufer des neoklassizistischen Baus traf im Jahre 1842 ein Feuerwerkskörper, woraufhin das Gebäude vollständig ausbrannte. Auch der **Palacio Episcopal** Ⓒ, die Bischofsresidenz, überstand die Wirren der Geschichte nicht unbeschadet, aber immerhin blieb das von einem Wappen gezierte Portal erhalten.

Zwei Blöcke von der Plaza de Santa Ana entfernt beherbergt das **Museo Canario** Ⓓ die bedeutendste archäologische Sammlung der Kanaren. Zu den herausragenden Exponaten zählen verschiedene Kultobjekte der prähispanischen Ureinwohner, darunter das Idol von Tara, eine etwa 30 cm hohe Terrakottastatue, die als Symbol weiblicher Fruchtbarkeit gilt (Calle Dr. Verneau, 2, www.elmuseocanario. com; Mo–Fr 10–20, Sa/So 10 bis 14 Uhr, Eintritt 5 €).

VON DER CASA DE COLÓN ZUR MARKTHALLE

Als Kleinod spanischer Kolonialarchitektur entpuppt sich die **Casa de Colón** Ⓔ, das Christoph Kolumbus gewidmete Wahrzeichen von Las Palmas. In dem Prunkbau, der nach der Conquista als Sitz des Inselgouverneurs diente, ist heute ein Museum eingerichtet. Die Navigationsinstrumente, alten Seekarten und Nachbildungen der drei Kolumbusschiffe sind allerdings nur für Kolumbus-Fans interessant – das Haus selbst ist die eigentliche Sehenswürdigkeit (Calle Colón, 1, www.casadecolon.com; Mo–Sa 10–18, So 10–15 Uhr, Eintritt 4 €).

Vom Kolumbushaus lohnt ein Abstecher in die Calle Los Balcones, ein stilles Sträßchen mit Häuserfronten aus dem 18. Jh., deren kleine Holzbalkone für den Namen der Gasse Pate standen. Die Hausnummern 9–11 nimmt das **Centro Atlántico de Arte Moderno** Ⓕ ein. Hinter der historischen Fassade verbirgt sich auf fünf Ebenen ein von zwei Glaspyramiden gekrönter hypermoderner Kunsttempel. Kühler Marmor, nüchterne Linienführung und Elfenbein als dominierende Farbe bilden den Rahmen für eine Sammlung moderner Kunst vom Kanarischen Archipel sowie für niveauvolle wechselnde Ausstellun-

Ⓐ Catedral de Santa Ana
Ⓑ Ayuntamiento
Ⓒ Palacio Episcopal
Ⓓ Museo Canario
Ⓔ Casa de Colón
Ⓕ Centro Atlántico de Arte Moderno
Ⓖ Mercado de Vegueta
Ⓗ Ermita San Telmo
Ⓘ Jugendstilkiosk

Las Palmas
0   200 m

gen. Im CAAM gibt es auch ein Dokumentationszentrum und eine gut sortierte Kunstbuchhandlung (www.caam.net; Di–Sa 10–21, So 10–14 Uhr, Eintritt frei).

Durch verwinkelte Gassen gelangt man zur lebhaften **Markthalle** 🕒 in der Calle Mendizábel (Mo bis Do 6.30–14, Fr/Sa 6.30–15 Uhr).

IM TRIANA-VIERTEL

Das einstige Viertel der kleinen Kaufleute, Handwerker und Fischer ist heute eines der Einkaufszentren der Stadt. Seine Lebensader ist die Fußgängerstraße **Mayor de Triana,** in der noch einige schöne Jugendstilfassaden erhalten sind. Die Einkaufsstraße endet am **Parque de San Telmo,** bei einem wichtigen Verkehrsknotenpunkt. Bei der dem Schutzheiligen der Seeleute geweihten gleichnamigen **Ermita de San Telmo** 🄷 lohnt sich ein Blick ins Innere auf die schön getäfelte Mudéjardecke.

Sehenswert ist der im Park thronende außergewöhnliche **Jugendstilkiosk** ❶. Taubenblau geflieste, achteckige Außenwände und ein messingfarbenes Kuppeldach lassen den Bau wie einen kleinen Tempel erscheinen, sodass der in aller Ruhe in oder vor dem Kiosk genossene *café sólo* besonders gut schmeckt.

SHOPPING

In der Calle Domingo Navarro Nr. 7 (zweigt von der Mayor de Triana ab) offeriert die **Tienda Fedac** einen Querschnitt kanarischen Kunsthandwerks. Die Einnahmen fließen ohne Abzüge den Kunsthandwerkern zu.

PARQUE DORAMAS UND SANTA CATALINA

Zum **Parque Doramas** inmitten der **Ciudad Jardín,** einem Villenviertel aus den 1920er-Jahren, nimmt man am besten einen Stadtbus. Im Park entstand 1955 das **Pueblo Canario** als kanarisches Vorzeigedorf samt Restaurants und Kunstgewerbeläden nach einem Entwurf des Malers Néstor Martín Fernández de la Torre. Das **Museo Néstor** macht mit dem Werk des vom Symbolismus inspirierten Malers bekannt (bei Redaktionsschluss war die gesamte Anlage wegen gründlicher Renovierung geschlossen, soll aber im Laufe des Jahres 2019 wiedereröffnet werden).

Santa Catalina auf dem Isthmus zwischen Hafen und Playa de las Canteras hat sich zu einem der lebhaftesten Stadtviertel entwickelt. Am Park befindet sich das **Museo Elder de la Ciencia y la Tecnología.** Es dokumentiert mittels interaktiven Exponaten den technischen Fortschritt (www.museoelder.org; Di–So 10–20 Uhr, Eintritt 6 €).

Die Hafennähe ist wohl auch für das quirlige Nachtleben mit unzähligen Restaurants, Diskos, Kneipen und Karaoke-Bars verantwortlich.

AN DER PLAYA DE LAS CANTERAS

Die 3 km lange Promenade entlang der Playa de las Canteras flankieren Hotels, Appartementbauten und viele Strandcafés. Der Strand selbst ist durch ein vorgelagertes Riff auf natürliche Weise vor den ungestüm heranrollenden Brechern geschützt.

Frischobst und -gemüse in der Markthalle Mercado de Vegueta

PUERTO DE LA LUZ

Wer Hafenatmosphäre schnuppern will, sollte über die ausgedehnten Kais des Puerto de la Luz bummeln. Der Hafen von Las Palmas mag in den letzten Jahren zwar etwas von seiner Rolle als Drehkreuz im Atlantik verloren haben, doch noch immer geht es hier sehr geschäftig zu. Immer viel los ist an der **Muelle del Santa Catalina,** an der neben den Fährschiffen vor allem die großen Kreuzfahrtschiffe festmachen, während die Muelle de la Luz für Tanker und Containerschiffe, die Muelle del Castillo für die Fischereiflotte reserviert sind.

INFOS

Patronato de Turismo de Gran Canaria
- Triana, 93 | Las Palmas
  Tel. 928 21 96 00 | www.grancanaria.com

VERKEHR

- **Busverbindungen:** Der Busbahnhof für die Überlandbusse befindet sich am Parque de San Telmo. Von hier gibt es gute Verbindungen an die Costa Canaria und in den Inselnorden. Ein zusätzliches Terminal liegt zwischen Parque Santa Catalina und Hafen. Für die Anreise aus den Ferienorten im Süden bieten sich die Expressbusse an.
- **Parken:** Einen Mietwagen parken Sie am besten im Triana-Parkhaus oder in Santa Catalina im Edificio Elder.

HOTELS

Santa Catalina €€€
Luxuriöses Traditionshotel, mit Antiquitäten möbliert. Die Prominenz schätzt den perfekten Service.
- León y Castillo, 227 | Las Palmas
  Tel. 928 24 30 40
  www.hotelsantacatalina.com

Bed and Chic €€

Überschaubar großes Boutiquehotel in einem noblen Stadthaus von anno dazumal. Innen dem Zeitgeist entsprechender, cooler Designstil.

- Calle General Vives, 76 | Las Palmas
  Tel. 928 90 42 89
  www.bedandchic.com

Madrid €

Einfache Zimmer, unweit der Altstadt gelegen.

- Plaza Cairasco, 4 | Las Palmas
  Tel. 928 36 06 64
  www.hotelreycarlos.com

Parque €

Gutes Mittelklassehotel am Parque de San Telmo; mit Dachterrasse und Sauna.

- Muelle de Las Palmas, 2
  Las Palmas | Tel. 928 36 80 00
  www.hotelparqueenlaspalmas.com

RESTAURANTS

Casa Montesdeoca €€€

Im Herzen der Altstadt gelegen mit herrlichem Innenhof; jetzt unter der Leitung von Spitzenkoch Fabio Santana.

- Calle Montesdeoca, 10 | Las Palmas
  Tel. 828 91 73 94

El Monje €€

Taverne hinter der Kathedrale mit guten Tapas.

- Calle Espiritu Santo, 27 | Las Palmas
  Tel. 928 31 01 85

El Novillo Precoz €€

Das beste südamerikanische Steakhaus der Stadt, unbedingt reservieren.

- Calle Portugal, 9 | Las Palmas
  Tel. 928 22 16 59
  www.novilloprecoz.es

La Marinera €€

Beliebtes Fischlokal in toller Lage am Nordende des Canteras-Strandes.

- Paseo de las Canteras | Las Palmas
  Tel. 98 46 88 02 | www.restaurantela marineralaspalmas.com

SHOPPING

El Corte Inglés

Avenida José Mesa y Lopez, 15 & 18

Das größte Kaufhaus des Archipels wartet mit vielfältigen Abteilungen über sieben Stockwerke auf, darunter auch eine erlesene Feinschmeckerabteilung.

NIGHTLIFE

Nachtschwärmer treffen sich in den Pubs und dann in einer der (Freiluft-)Diskos im **Centro Comercial El Muelle** am Hafen.

AUSFLUG: JARDÍN BOTÁNICO CANARIO

2 📖 P7

Unterhalb des Vorortes Tafira Alta bietet der botanische Garten einen hervorragenden Querschnitt durch die endemische Kanarenflora. Ein Biologenteam des Jardín Botanico Canario Viera y Clavijo, so der komplette Name, bemüht sich um die Nachzucht bedrohter Arten. Neben einem kleinen Lorbeerwald und stattlichen Drachenbäumen ist die aus aller Welt zusammengetragene Sukkulentensammlung besonders sehenswert (Tel. 928 21 95 80, www.jardincanario.org; tgl. 9–19, Okt.–März bis 18 Uhr, Eintritt frei).

Wer möchte, fährt anschließend weiter auf der GC-10 und biegt nach 4 km linker Hand in ein Sträßchen Richtung Bandama ab. Vom **Pico de Bandama** (574 m) hat man einen faszinierenden Blick auf die Caldera de Bandama, einen im Durchmesser etwa 1 km großen Einsturzkrater ganz wie aus dem geologischen Lehrbuch. Von der Aussichtsplattform lässt sich nebenbei das endlose Häusermeer von Las Palmas überblicken.

TELDE 3 ■ 07

Mit 102 000 Einwohnern hat die zweitgrößte Stadt der Insel jüngst den Sprung zur Großstadt geschafft. Der Ort südlich von Las Palmas war in vorspanischer Zeit ein bedeutender Siedlungsplatz, an dem Archäologen u. a. das **Idol von Tara** › S. 110 fanden. Um das in der kolonialen Epoche entstandene Viertel San Juan hat sich heute ein nicht besonders einladender Wildwuchs aus Vororten und Industriegebieten breitgemacht. In der **Basílica de San Juan Bautista** gehört ein auf Anfang des 16. Jhs. datierter flämischer Altaraufsatz zu den herausragenden Kunstschätzen.

PLAYA DEL INGLÉS

 ■ P9

Der Tourismus konzentriert sich in den beiden zusammengewachsenen Orten Playa del Inglés und Maspalomas › S. 116, die beide vom Flughafen Gando in einer halben Stunde zu erreichen sind. Playa del Inglés ist am Reißbrett als lupenreine Hotelstadt entstanden, in deren Um-

feld sich riesige Einkaufszentren, Vergnügungsparks, Fastfoodrestaurants und Autovermietungen angesiedelt haben. Hauptkapital ist hier der 6 km lange feinsandige »Strand der Engländer«, an dem sich heute jedoch mindestens ebenso viele deutsche Touristen tummeln.

Dutzende von Spielhallen, Diskos und Pubs finden vor allem bei jüngeren Besuchern Anklang, die sich sowohl tags am Strand als auch nachts vergnügen wollen.

INFOS
Centro Insular de Turismo
• Avenida de España
(neben dem Yumbo-Einkaufszentrum)
Playa del Inglés | Tel. 928 77 15 50
www.grancanaria.com

VERKEHR
• **Busverbindungen:** Zu allen wichtigen Orten der Costa Canaria; gute Verbindungen nach Las Palmas.

HOTELS
Parque Tropical €€€
235-Zimmer-Hotel mit ansprechender Architektur und Einrichtung im kanarischen Stil, herrliche Park- und Poollandschaft.
• Avenida de Italia, 1 | Playa del Inglés
Tel. 928 77 40 12
www.hotelparquetropical.com

Bungalows Doña Rosa €€
Relativ ruhig gelegene Anlage mit zwei Pools, die ohne laute Animation auskommt. Die Wohneinheiten sind, dem vergleichsweise günstigen Preis entsprechend, funktional eingerichtet.
• Avenida Alemania 23
Playa del Inglés | Tel. 928 76 02 50

Gloria Palace San Agustín €€

Im ruhigeren Nachbarort San Agustín gelegenes, komfortables Hotel mit Thalasso-Zentrum und großem Sportangebot.

• Calle Las Margaritas, s/n
San Agustín | Tel. 928 12 85 00
www.gloriapalaceth.com

RESTAURANTS

Mundo €€

Spezialitäten des beliebten Bistros sind u. a. orientalische Falafel und Thai-Currys.

• Avenida Tirajana, 7
Playa del Inglés | Tel. 928 93 78 50

Riminí €€

Etablierter Italiener. Geboten werden mediterrane Spezialitäten wie Saltimbocca, Ossobuco sowie eine große Weinkarte.

• Avenida Gran Canaria, 28
Playa del Inglés | Tel. 928 76 41 87
www.restauranterimini.com

💬 COSTA CANARIA

Die Costa Canaria, die von Bahía Feliz bis Puerto Rico die Südküste wie eine Sichel umschließt, ist das touristische Zentrum Gran Canarias. Hierfür ist besonders das sonnige Wetter im Süden verantwortlich, denn das bis zu 2000 m hohe Bergmassiv im Inselinneren bildet eine Wetterscheide: Die vom Passat herangeführten Wolkenmassen stauen sich dort und bescheren dem Norden zumindest bescheidene Niederschläge. Der Süden dagegen geht leer aus und lockt dafür mit Sonne im Überfluss.

NIGHTLIFE

Das Nachtleben konzentriert sich um das Vergnügungszentrum **Kasbah**. Gemischtes Publikum trifft sich im Klub **Pacha** (Sargentos Provisionales, s/n, www.pachagrancanaria.com), die Gay-Szene im **Yumbo Centrum** (www.yumbocentrum.com).

MASPALOMAS 5 📍 P9

Verglichen mit dem umtriebigen Playa del Inglés gibt sich der Nachbarort etwas ruhiger. Mit seinen luxuriösen Hotels, großzügigen Bungalows und drei Golfplätzen zieht Maspalomas ein betuchteres Publikum an, das es vornehmer mag. Am Meloneras-Strand, westlich des 56 m hohen Leuchtturms **Faro de Maspalomas,** konkurrieren Nobelhotels jüngeren Datums.

Aushängeschild und landschaftliches Highlight der Costa Canaria › links sind die **Dunas de Maspalomas** ⭐. Die bis zu 1,5 km breite und 8,5 km lange, faszinierende Dünenlandschaft vermittelt den Eindruck, als befinde man sich in der Sahara. Vor den bis zu 20 m hohen Wellenkämmen lockt die **Playa de Maspalomas** Badegäste an, ein Teil ist als FKK-Zone ausgewiesen.

Der klangvolle Name der Stadt (»viele Tauben«) geht auf eine kleine Brackwasserlagune im Osten der Dünen, am Ausgang eines Barrancos zurück, an dessen Ufern einst eine große Taubenkolonie nistete. **La Charca de Maspalomas** steht heute unter Naturschutz, weshalb hier trotz angrenzender intensiver Bebauung zahlreiche Vogelarten zu beobachtet sind.

Botanisch Interessierte können endemische Inselflora, exotische Zierpflanzen sowie Gehölze aus aller Welt im **Parque Botánico de Maspalomas** bestaunen (Avenida Touroperador Neckermann 2; Mo bis Fr 10–18 Uhr, Eintritt frei).

HOTELS

Riu Palace Oasis €€€
All-inclusive-Luxushotel mit Palmengarten und direktem Strandzugang in der Nähe des Leuchtturms.
- Plaza de las Palmeras, 2
  Maspalomas | Tel. 928 14 14 48
  www.riu.com

Oasis Maspalomas €€
Mehrere Häuser mit 6–18 Appartements, sehr gut gelegen nah am Strand und am Charco de Maspalomas. Alle Wohneinheiten verfügen über Balkon oder Terrasse.
- Avenida del Oasis, s/n | Maspalomas
  Tel. 928 14 19 52
  www.oasismaspalomas.com

RESTAURANT

La Proa – Casa Reyes €€
Das Lokal liegt unmittelbar am Meer am Westrand von Meloneras. Serviert wird gute Fisch- und Meeresfrüchteküche.
- Calle del Mar Blanco, s/n | Meloneras
  Tel. 928 14 24 03
  www.facebook.com/laproacasareyes

AUSFLUG: PALMITOS PARK 6 ■ 08

Der Freizeitpark im Barranco de Chamoriscán, 10 km nördlich von Maspalomas, bietet zahlreiche zoologische und botanische Attraktio-

Fischer landen ihren Thunfischfang im Hafen von Arguineguín an

nen, u. a. ein Aquarium, einen Alligatorensee, ein Schmetterlingshaus, eine imposante Orchideensammlung sowie Papageien und Raubvogelshows. Die Stars des Parks sind fünf Delfine, auch wenn die täglich veranstalteten Shows umstritten sind (www.palmitospark.es; Park tgl. 10–18 Uhr, Eintritt 31 €, 5–10 Jahre 22,50 €, 3–4 Jahre 11 €).

ARGUINEGUÍN 7 ■ 09

Arguineguín westlich von Maspalomas ist eine der wenigen Siedlungen, die bereits vor der touristischen Erschließung der Südküste existierten. Der Fischerort zieht Besucher an, die eine authentische Atmosphäre suchen. Attraktiv sind vor allem die Fischlokale am Hafen. Aber auch der gepflegte, geschützte

Sandstrand und das herausgeputzte alte Fischerviertel können sich sehen lassen.

Tauchkurse für Anfänger und Fortgeschrittene, begleitete Tauchgänge und auch Schnorchelsafaris bietet die **Dive Academy Gran Canaria** an (Tel. 928 73 61 96, www.diveacademy-grancanaria.com).

PUERTO RICO 8 📕 09

Der »reiche Hafen« ist nach Playa del Inglés/Maspalomas die zweitgrößte Ferienstadt Gran Canarias. Über der künstlich aufgeschütteten Bucht wurden in einem Kraftakt reihenweise Appartementkomplexe in den felsigen Hang gestapelt, um 30 000 Feriengäste unterzubringen. In der Hochsaison ist jeder Quadratmeter Strand von Sonnenanbetern belegt, Molen schützen vor den Brechern des Atlantik. Puerto Rico hat vor allem als Wassersportzentrum mit gleich zwei Häfen einen Namen.

Eine Promenade verbindet den Ort mit der 2 km westlich gelegenen **Playa Amadores,** wo über dem künstlich angelegten, kinderfreundlichen Traumstrand ein neues Hotelviertel entstanden ist.

VERKEHR
- **Schiffsverbindungen:** Mehrmals tgl. Linienschiffe nach Puerto de Mogán, Anfi del Mar und Arguineguín.

HOTEL
Gloria Palace Amadores €€€
Aussichtsreiche Lage auf einer Klippe über der Playa Amadores; mit Spa.

- Calle La Palma, 2 | Amadores
  Tel. 928 12 85 05
  www.gloriapalaceth.com

PUERTO DE MOGÁN 9 📕 08

Das einst abgeschiedene Fischernest im Südwesten gilt als ein Vorzeigeobjekt des kanarischen Tourismus. Der Stolz Puerto de Mogáns ist eine halb ins Wasser gebaute Feriensiedlung mit Jachthafen; Kanäle und Brücken schaffen eine Atmosphäre, die ein wenig an Venedig erinnern. Schmiedeeiserne Veranden zieren die zweistöckigen Häuserblocks, in den autofreien Gassen blühen üppig Bougainvilleen – ein Idyll, das sich wohltuend von so manchem Betongetto abhebt.

Verständlich, dass es sich hier nicht unbedingt billiger urlaubt. Individualreisende finden jedoch im alten Ortskern noch preiswertere Unterkünfte.

HOTELS
THe Puerto de Mogán €€€
Komfortables Hotel in bester Lage am Jachthafen, mit Restaurant und Appartementvermietung.
- Puerto de Mogán | Tel. 928 56 50 66
  www.hotelpuertodemogan.com

Cordial Mogán Valle €€
Familienfreundliche Appartementanlage mit Poollandschaft und Dachterrasse. 10 Gehminuten zum Strand und Hafen.
Avenida de los Morrero, 4
Puerto de Mogán, s/n | Tel. 928 72 11 47
www.becordial.com

Puerto de Mogán ist auch bekannt als »Gran Canarias Klein-Venedig«

Pensión Lumy €
Am Ortsausgang taleinwärts gelegene
Pension mit Terrasse und Talblick; schlich-
te Zimmer mit Bad auf der Etage.
• Calle Las Manchas, 5
  Puerto de Mogán | Tel. 928 56 53 18
  www.pensionlumy.es

RESTAURANT
Café de Mogán €€
In dem Café direkt am Hafenbecken gibt es
tagsüber kleine Snacks und eine leckere
Sachertorte.
• Puerto de Mogán | Tel. 928 56 55 58

AGAETE 🔟 📖 07

Die **Pfarrkirche** des Gemeinde-
sitzes an der Nordwestküste wartet
mit einem sehenswerten flämischen
Triptychon (16. Jh.) von Jos van
Cleve auf. Wohltuend für die Augen
wirkt das subtropische Grün des

7 km langen, wasserreichen **Barranco de Agaete,** in dem u. a. Man-
gos und Avocados gedeihen.

PUERTO DE LAS NIEVES 11 📖 07

Der kleine Hafenort zieht vor allem
Wochenendausflügler an, an dem
durch die Mole geschützten Kies-
strand ist ein bescheidener Badebe-
trieb möglich. Von der Kapelle **Er-
mita de las Nieves** in der
Hauptstraße kann man auf der
Uferpromenade einen kurzweiligen
Spaziergang zu einem Meeres-
schwimmbad machen. Attraktion
des Ortes war jedoch die aus dem
Meer ragende Felsnadel Dedo de
Dios (»Finger Gottes«) – bis der
Herbststurm 2005 die 6 m hohe
Spitze abbrach.

Oficina de Turismo
- Calle Nuestra Señora de las Nieves, 1
  Puerto de Las Nieves
  Tel. 928 55 43 82 | www.agaete.es

VERKEHR
- **Schiffsverbindungen:** Tgl. Linienverkehr
  nach Teneriffa.

RESTAURANT
El Dedo de Dios € €
Beliebtes Lokal am Lavastrand; Fisch und
kanarische Spezialitäten. Di geschl.
- Carretera Puerto de Las Nieves
  Tel. 928 89 80 00

GÁLDAR 12 📖 06

Das Landstädtchen an der Nord-
küste war in vorspanischer Zeit
Hauptstadt eines Königreichs der
Altkanarier. Im Innenhof des **Rat-
hauses** hat die Stadt dem letzten
Guanchenherrscher Tenesor Semi-
dan unter einem Drachenbaum ein
Denkmal gesetzt.

Vom Kunstschaffen der prähispanischen Vorfahren zeugt die Cueva Pintada, die mit mehrfarbigen
geometrischen Mustern ausgemalt
ist. Die Höhle ist Teil des **Museo y
Parque Arqueológico Cueva Pintada,** der noch eine multimediale
Ausstellung, Ausgrabungen sowie
ein rekonstruiertes Gehöft umfasst.
So bekommt man gute Einblicke in
die altkanarische Kultur › S. 41 (Tel.
928 89 57 46, www.cuevapintada.
com; Führungen mit Museumsbe-
such Okt.–Mai Di–Sa 10–18, So
11–18, Juni–Sept. Di–Sa 10.30 bis
19.30, So 11–19 Uhr, Eintritt 6 €).

TEROR 13 ⭐ 8 📖 P7

Schmuckstück im Norden Gran Canarias ist das herausgeputzte Landstädtchen Teror. Die geschlossene
Front der Bürgerhäuser aus dem
16./17. Jh. in der Fußgängerzone
glänzt mit schönen Erkern und
Holzbalkonen. Im Inneren der **Ba-
silica de Nuestra Señora del Pino**
ist die Statue der »Hl. Jungfrau von
der Kiefer« zu sehen, der Schutzpatronin Gran Canarias, der jedes Jahr
am 8. September die größte Wallfahrt der Insel gilt. Schräg gegenüber der Basilika steht der einstige
Sommersitz des Adelsclans Manrique de Lara. Der Palast ist derzeit
nicht von innen zu besichtigen, da
das Dach einzustürzen drohte.

SHOPPING
Auf dem Kirchplatz wird am Sonntagvormittag ein Wochenmarkt abgehalten, wo
man z. B. die Wurstspezialität *Chorizo de
Teror* oder süße Kuchen und Marzipan aus
klösterlicher Herstellung probieren kann.

TEJEDA 14 📖 07

Der nicht unverdient als schönstes
Bergdorf der Insel gepriesene Ort
liegt mitten im zentralen Bergland
in eine fruchtbare Talsenke einge-
bettet. Im Februar verwandelt die
Mandelbaumblüte die Gegend in
eine besondere Augenweide. › mehr
S. 16 Punkt 26 Überragt wird Tejeda
vom **Roque Bentaiga** (1412 m), einem weithin sichtbaren, gewaltigen
Basaltblock. An seinem Fuß liegt
das **Centro de Interpretación,** von
dem aus man den Felsen in 15 bis

20 Minuten erklimmen kann. Der Berg war den Ureinwohnern der Insel heilig; ein in den felsigen Boden eingelassener Altar weist auf Opferrituale hin, und in den umliegenden Höhlen wurden an die 2000 Jahre alte Siedlungsspuren gefunden. Herrlich ist der Ausblick vor allem im Abendlicht, wenn die weichen Konturen der hintereinander gestaffelten Tafelberge und Schluchten ineinander fließen.

Der hübsch herausgeputzte Ortskern liegt an einer langgestreckten Aussichtsterrasse mit Blick in die Berge. Im Haus der Touristeninformation macht eine Ausstellung mit dem grancanarischen Bildhauer Abraham Cárdenes Guerra (1907–1971) bekannt, dessen Werk von der schroffen Gebirgswelt inspiriert wurde (Mo–Fr 12–16 Uhr).

In Teror auf der Plaza de Nuestra Señora del Pino mit der gleichnamigen Basilika

INFOS
Oficina de Turismo
• Leocadio Cabrera, 2 | Tejeda
  Tel. 928 66 61 89 | www.tejeda.eu

RESTAURANT
Déjate Llevar €
Trendige Salat- und Saftbar mit Lounge und schöner Terrasse. Mo–Fr 13–16 u. 18.30–21 Uhr.
• Dr. Domingo Hernández Guerra, 25
  Tejeda | Tel. 637 08 36 94
  www.letmetakeu.com

SHOPPING
Dulceria Nublo
Berühmte Landkonditorei, die traditionell Mandelgebäck, Marzipan und Marmeladen herstellt. > mehr S. 17 Punkt ③③
• Dr. D. Hernández Guerra, 15 | Tejeda

Im Bergstädtchen **Vega de San Mateo** findet am Wochenende ein Landmarkt statt. Neben frischem Obst und Gemüse gibt es gute lokale Käse- und Backspezialitäten (Sa 8–20, So 8–14.30 Uhr).

ARTENARA 15 ⭐ 📖 07

Unterhalb vom Cruz de Tedeja zweigt eine Nebenstraße nach Artenara ab. In Gran Canarias höchstgelegener Siedlung (1270 m) sind viele Häuser in den weichen Tuffstein hineingebaut, darunter auch die kleine Höhlenkirche **Eremita de la Virgen de la Cuevita.** Sieben in eine Felswand eingelassene liebevoll ausstaffierte Wohnhöhlen kann man im **Museo Casas Cuevas** besichtigen (tgl. 11.30–16.30 Uhr). Das Lokal **La Esquina** an der Kirche serviert gute Küche mit Panorama (€€, Tel. 928 66 63 81 So geschl.).

FUERTE-
VENTURA

Strandwandern an den dünen-
gesäumten Playas de Corralejo
an Fuerteventuras Nordspitze

Karg und spröde ist Fuerteventura im Inselinneren, dafür mit den längsten und schönsten, goldgelben Sandstränden des Archipels gesegnet. Die zweitgrößte Kanarische Insel ist ein Paradies für Sonnenanbeter und Surfer.

Die Hauptstrände auf der Halbinsel Jandía im Süden sind die Playas de Sotavento mit dem Badeort Costa Calma und die Playa del Matorral, die sich von Morro Jable bis Jandía Playa erstreckt. Völlig unverbaut sind die weitläufigen Strände an der Nordwestküste der Halbinsel, während sich im Nordosten an der Playa Barca dank der besonderen Windverhältnisse das größte Wind- und Kitesurfzentrum von Europa etabliert hat.

Die durch einen schmalen Isthmus mit dem Hauptteil verbundene Halbinsel wird von einem mächtigen Bergzug ausgefüllt, dessen Flanken zum Meer hin schroff abfallen; höchste Erhebung und ein beliebtes Ziel für Wanderer ist der Pico de la Zarza (812 m).

Im Norden Fuerteventuras ist Corralejo die größte Ferienstadt, die vor allem mit den nahe gelegenen Dünenstränden punkten kann. Westlich vom umtriebigen Corralejo ist El Cotillo eine gute Ausweichmöglichkeit für mehr auf Ruhe bedachte Urlauber.

Südlich des Flughafens konzentriert sich der Tourismus in Caleta de Fuste, einer Retortenstadt ohne großes Flair. Golfer wissen hier zwei 18-Loch-Parcours zu schätzen.

TOUREN IN DER REGION

TOUR 14

AUF DER WINDMÜHLENROUTE

ROUTE: Corralejo › Lajares › La Oliva › Tefia › Antigua › Tiscamanita › Pájara › Ajuy › Vega de Río Palmas › Betancuria › Mirador de Morro Velosa › Corralejo

KARTE: Seite 124
DAUER: 1 Tag; Fahrstrecke: 115 km
PRAKTISCHER HINWEIS:
• Als Tourentage durch das ländliche Fuerteventura empfehlen sich Di–Sa, dann sind alle Museen geöffnet.

TOUR-START:

Die Windmühlenroute beginnt in **Corralejo** ▮ › S. 127 und führt zuerst nach **Lajares,** wo am Ortsrand

zwei historische Windmühlen stehen, mit denen früher Getreide gemahlen wurde.

6 km weiter nach Süden, in der alten Hauptstadt **La Oliva** 4 › S. 128 macht das Museo del Grano mit der einstigen bäuerlichen Kultur bekannt. Ein Highlight der Tour ist das der traditionellen Bauernarchitektur gewidmete Freilichtmuseum Ecomuseo La Alcogida südlich von **Tefia**. Hier wurden acht alte Bruchsteinhäuser restauriert und sind zu besichtigen, zudem wird traditionelles Handwerk vorgeführt (Di–Sa 10–18, Winter 9.30–17.30 Uhr).

Am nördlichen Rand von **Antigua** befindet sich das Museo del Queso Majorero in einem Neubau

mit Innenhof, der neben ein historisches Gutshaus gestellt wurde. Das Museum thematisiert den Ziegenkäse von Fuerteventura. Eine restaurierte Windmühle ist das Wahrzeichen des Komplexes, sie ist auch von innen zu besichtigen. Außerdem gibt es einen kleinen botanischen Garten mit endemischer Inselflora (Di–Sa 10–18, Winter 9.30–17.30 Uhr). Im benachbarten **Tiscamanita** informiert ein kleines Mühlenmuseum über das traditionelle Müllerhandwerk.

Pájara ist vor allem durch die auf das 17. Jh. zurückgehende Pfarrkirche **Nuestra Señora de Regla** bekannt. Über dem Hauptportal verblüffen Steinmetzarbeiten mit aztekischen Stilelementen. In **Ajuy** an der Westküste beginnt ein reizvoller Spazierweg zu den imposanten Höhlen der **Caleta Negra.** Auf dem viel genutzten Weg steigt man zunächst die bizarren Kalkklippen hinauf, etwa 10 Minuten später kann man auf einer Treppe in die beiden Höhlen am Meer – früher Piratenverstecke – absteigen.

Nach einer eventuellen Rast im Restaurant Jaula de Oro geht es von Ajuy zurück nach Pájara. Von dort windet sich die Straße in die schroffe Bergwelt des Zentralmassivs und hinab in ein von einem Palmenhain durchzogenes Tal, nach dem der Ort **Vega de Río Palmas** benannt wurde.

Über die alte Hauptstadt **Betancuria** 8 › S. 130 mit weiterer guter Einkehrmöglichkeit und den **Mirador de Morro Velosa** geht es zurück in den Norden der Insel.

TOUREN AUF FUERTEVENTURA

TOUR 14

AUF DER WINDMÜHLENROUTE

Corralejo › Lajares › La Oliva › Tefia › Antigua › Tiscamanita › Pájara › Ajuy › Vega de Río Palmas › Betancuria › Mirador de Morro Velosa › Corralejo

TOUR 15

STRANDWANDERN AUF DER HALBINSEL JANDÍA

Faro de Jandía › Esquinzo › Playa Barca › Costa Calma

TOUR 16

MOUNTAINBIKETOUR NACH EL COTILLO

Corralejo › Majanicho › Punta de Tostón › Playa de los Lagos › El Cotillo › Lajares › Corralejo

STRANDWANDERUNG AUF JANDÍA

ROUTE: Faro de Jandía › Esquinzo › Playa Barca › Costa Calma

KARTE: Seite 124
DAUER: 1 Tag
PRAKTISCHE HINWEISE:
- Für die ca. 22 km lange Wanderung sind 5–6 Std. Gehzeit einzuplanen.
- Will man die Wanderung verkürzen, hat man Busanschlüsse in Esquinzo und Playa Barca. Dann sollte man aber keinesfalls Badekleidung tragen.
- Der Busbahnhof von Costa Calma befindet sich in der Calle Punta Pesebre (hinter dem Fußballplatz).

TOUR-START:

Nirgendwo sonst auf den Kanaren kann man eine so lange Strandwanderung unternehmen wie auf der Halbinsel Jandía – je nach Belieben sogar nur mit Badedress und Sonnenhut bekleidet. Bis auf einige kurze, steinige Abschnitte ist die Strecke von **Morro Jable** 12 › S. 133 bis **Costa Calma** 9 › S. 131 barfuß zurückzulegen. Ein beliebter Einstieg ist der Leuchtturm **Faro de Jandía** an der Südwestspitze der Halbinsel. Einkehren können Sie in einem der Strandpavillons in **Esquinzo** und an der **Playa Barca** › S. 131.

MOUNTAINBIKETOUR NACH EL COTILLO

ROUTE: Corralejo › Majanicho › Punta de Tostón › Playa de los Lagos › El Cotillo › Lajares › Corralejo

KARTE: Seite 124
DAUER: 1 Tag; Fahrstrecke: 50 km
PRAKTISCHER HINWEIS:
- Auf der teils sandigen Piste zwischen Corralejo und dem Leuchtturm muss man an einigen Stellen eventuell schieben.

TOUR-START:

Die raue Piste an der noch unverbauten Nordküste beginnt an der Avda. Juan Carlos I in **Corralejo** 1 › S. 127, ca. 150 m unterhalb vom Busbahnhof. Erstes Etappenziel ist die Sommersiedlung **Majanicho**, wo ein geschützter kleiner Strand lockt. Vorbei an einigen Lavabuchten hält der Weg direkt auf die beiden Leuchttürme an der **Punta de Tostón** zu. Hier beginnt die Straße nach El Cotillo. Unterwegs bietet sich ein Badestopp in einer der Lagunen der **Playas de los Lagos** an. In **El Cotillo** 3 › S. 128 angekommen, laden am alten Schiffsanleger Fischlokale zur Rast ein.

Zurück geht es über **Lajares**, bekannt für sein Kunsthandwerk, und nach etwa 5 km biegt man links in die FV-101 nach **Corralejo** ein.

UNTERWEGS AUF DER INSEL

CORRALEJO 1 📖 W5

Corralejo an der Nordküste mutierte dank seiner pulverfeinen hellen Sandstände vom kleinen Fischerdorf zur Ferienstadt, in der sich vor allem ein junges sportliches Publikum wohlfühlt. Die Avenida Nuestra Señora del Carmen ist Corralejos Flaniermeile mit Restaurants, Boutiquen und Surfshops. Nach Lanzarote, in Sichtweite, besteht eine gute Fähranbindung.

Die **Playas de Corralejo** gelten unter Kite- und Windsurfern als eines der besten Starkwindreviere Europas, auch Wellenreiter finden prima Bedingungen. Eine Surfschule mit Brettverleih findet man z. B. nordwestlich des Hotels Tres Islas (Flag Beach Watersports Center, Tel. 928 86 63 89, www.flagbeach. com). › mehr S. 14 Punkt 12

Südöstlich von Corralejo türmen sich imposante haushohe Wanderdünen auf. **El Jable** steht als Naturpark unter Schutz und läuft in kilometerlange Strände aus.

INFOS

Oficina de Turismo
• Avenida Marítima, 2 | Corralejo
  Tel. 928 86 62 35
  www.corralejograndesplayas.com

VERKEHR

• **Schiffsverbindungen:** Mehrmals tgl. nach Playa Blanca/Lanzarote und Lobos.
• **Busverbindungen:** Puerto del Rosario, La Oliva, Lajeres, El Cotillo.

HOTELS

Gran Hotel Atlantis Bahía Real €€€
Das luxuriöseste Haus am Platz, mit tollem Spa-Center.
• Avenida Grandes Playas | Corralejo
  Tel. 928 53 71 53
  www.bahiarealresort.com

Riu Oliva Beach €€
Alleinlage in den Dünen mit dem Schwesterhotel Tres Islas, 3 km vom Zentrum. All inclusive.
• Avenida Grandes Playas, s/n
  Corralejo | Tel. 928 53 53 34
  www.riu.com

RESTAURANT

El Sombrero €€
Beliebte Gastronomie mit eidgenössischen Wurzeln. Mi Ruhetag.
• Avenida Marítima, 4 | Corralejo
  Tel. 928 86 75 31

NIGHTLIFE

Wer die Nacht zum Tag machen will, kann in den Bars im **Centro Comercial Atlántico** und im Strandklub **Waikiki** (C. Arístides Hernández Morán, 11, (www.waikikibeach club.es) in die quirlige Szene eintauchen.

AUSFLUG: LOBOS 2 📖 W5

Vom Hafen von Corralejo setzen Ausflugsschiffe zur Islote de Lobos über (Zugangsbeschränkung: max. 200 Pers.). Die als Naturpark ausgewiesene, nur 6 km² große Insel lässt sich auf einem dreistündigen Rundweg erwandern. Winzige Lagunen im Südosten und wie von Hand aufgeschüttete *hornitos* (»Öfchen«, kleine Vulkanschlote, aus denen Wasserdampf entwich) erwecken den Eindruck einer Miniaturlandschaft.Die Insel ist auch Lebensraum zahlreicher Seevogelarten.

EL COTILLO 3 📍 V6

Das ehemalige Fischerdorf an der Nordwestküste ist längst kein Geheimtipp mehr. Trotzdem fühlt sich hier noch wohl, wer auf den Rummel eines umtriebigen Ferienortes bewusst verzichten möchte. Wahrzeichen des Dorfes ist der **Torre de El Tostón,** ein alter Piratenausguck aus dem 18. Jh., in dem heute ein kleines Informationsbüro Platz gefunden hat. Die **Playa del Aljibe de la Cueva** südlich davon ist ein Hotspot der Windsurfer.

An der sonst wellengepeitschten Nordwestküste präsentieren sich die **Playas de los Lagos** im Norden von El Cotillo meist ausgesprochen kinderfreundlich. Im **Leuchtturm** in der nördlichsten Inselecke ist ein Fischereimuseum, im Eintrittspreis eingeschlossen ist die Besteigung des Turms (Di–Sa 10–17.30 Uhr).

HOTELS

Apartamentos Juan Benítez €
Gut ausgestattete Ferienwohnungen, mit und ohne Meerblick, am südlichen Ortsrand gelegen.
• Calle La Caleta, 4 | El Cotillo
   Tel. 928 53 85 03

Cotillo Sunset €
34 geräumige Studios und Appartements direkt am Strand, ideal für Familien. Man sollte nach einem etwas teureren Appartement mit Meerblick fragen.
• Avenida Los Lagos | El Cotillo
   Tel. 928 17 50 65 | www.cotillosunset.com

RESTAURANT

La Vaca Azul €€
Gutes, nicht allzu teures Seafood-Lokal mit schöner Terrasse.
• Calle Requeña, 9 (Muelle Viejo)
   El Cotillo | Tel. 928 53 86 85
   www.vacaazul.es

LA OLIVA 4 📍 V6

Das Verwaltungszentrum des Inselnordens war früher 150 Jahre lang Sitz des Militärregiments. Von der einstigen Bedeutung zeugt die **Casa de los Coroneles,** die Ende des 18. Jhs. im spanischen Kolonialstil als Residenz der Obersten erbaut wurde. Heute ist es ein Kulturzentrum, das Ausstellungen veranstaltet (www.lacasadeloscoroneles.org; Di–Sa 10–18 Uhr, Eintritt 3 €).

Aus dem 18. Jh. stammt die Pfarrkirche **Nuestra Señora de Candelaria,** die mit ihrem aus Lavaquadern erbauten Glockenturm das Ortsbild beherrscht. Unweit davon beherbergt die **Casa Mané,** ein restauriertes Herrenhaus, das **Centro de Arte Canario.** Zeitgenössische Kunst wird hier ausgestellt (www.centrodeartecanario.com; Mo–Fr 10–17, Sa 10–14 Uhr).

4 km nördlich, am Nordrand von Villa Verde, befindet sich die **Cueva del Llano,** über die ein in die Erde eingelassenenes Besucherzentrum informiert (Mi u. Do 10–15, Sa 15 bis 18 Uhr). Zu entdecken gibt es

Meeresschnecken-Skulptur im Hafen von Puerto del Rosario

u. a. eine vermutlich endemische Spinnenart sowie Fossilien. Die Lavahöhle selbst ist derzeit jedoch wegen eines Erdrutsches geschlossen.

PUERTO DEL ROSARIO

 5 📙 W7

Die Inselhauptstadt (39 000 Einw.) an der Ostküste verdankt ihre Existenz dem geschützten Naturhafen, der als Puerto de Cabras schon im 15. Jh. auf Inselkarten eingetragen war. Touristen verirren sich kaum in die Stadt mit dem Charme einer schläfrigen Verwaltungsmetropole.

Doch wer sich für moderne Kunst interessiert, findet hier nicht nur das **Centro de Arte Juan Ismael** (Di–Sa 9–13 u. 17–21 Uhr), in dem in Wechselausstellungen vornehmlich kanarische Künstler vorgestellt werden, es gibt auch einen über die ganze Innenstadt verteilten viel beachteten **Skulpturenpark** mit

rund 160 aus mehreren Bildhauersymposien hervorgegangenen Arbeiten (Übersichtsplan am Beginn der Avenida de Juan Bethencourt).

Einen Besuch wert ist die gegenüber der Pfarrkirche Nuestra Señora del Rosario gelegene **Casa Museo Unamuno** (Tel. 928 86 23 76; Mo–Fr 9–14 Uhr, Eintritt frei). Das Museum in einem liebevoll hergerichteten Stadthaus ist dem spanischen Philosophen Miguel de Unamuno (1864–1936) gewidmet, der 1924 wegen seiner kritischen Einstellung zum Militärregime von Primo de Rivera kurzerhand seines Amtes als Rektor der Universität von Salamanca enthoben und auf die damals zivilisationsferne Insel Fuerteventura verbannt wurde.

INFOS

Patronato de Turismo

● Calle Almirante Lallermand, 1
  Puerto del Rosario | Tel. 928 53 08 44
  www.visitfuerteventura.es

VERKEHR
- **Busverbindungen:** Tgl. in alle größeren Orte ab Busbahnhof in der Avenida de la Constitución.

RESTAURANT

El Cangrejo Colorao €€
Fischlokal direkt am Meer nahe des Centro Arte. Mo Ruhetag.
- Calle Juan Ramón Jimenez, 2
  Puerto del Rosario
  Tel. 928 85 84 77

AUSFLUG: AMPUYENTA

 V7

In dem Dorf 16 km westlich der Hauptstadt können im Rahmen einer kostenlosen Führung vier schön restaurierte historische Gebäude aus dem 17.–19. Jh. besichtigt werden, wie etwa das sehenswerte Kirchlein Ermita de San Pedro de Alcántara (Führungen Di–Sa 10.30, 12.30 u. 14.30 Uhr, Treffpunkt im Centro de Interpretación, C. Virgen del Rosario 9). › mehr S. 17 Punkt ㉚

CALETA DE FUSTE 7 ▮ W8

Das drittgrößte Ferienzentrum der Insel liegt nur ca. 7 km südlich vom Airport und ist vom Fluglärm nicht ganz unbehelligt. Bis auf einen heute in eine Ferienanlage integrierten alten Festungsturm entstand die Hotelstadt samt zwei zugehörigen 18-Loch-Golfplätzen am Reißbrett. Atmosphäre hat lediglich der moderne **Jachthafen,** der zu den beliebtesten Anlegeplätzen der Insel zählt.

Die durch eine Mole geschützte hellsandige **Playa del Castillo** bietet sich besonders für einen erholsamen Familienurlaub an. Surf- und Tauchstationen sind vorhanden.

VERKEHR
- **Busverbindungen:** Nach Puerto del Rosario (alle 30–60 Min.) und Morro Jable.

HOTEL

Castillo Beach Resort €€
Gelungene Bungalowanlage am Jachthafen; mit komplettem Unterhaltungs-, Sport- und Wellnessangebot.
- Avenida del Castillo, s/n
  Caleta de Fuste | Tel. 928 16 31 00
  www.barcelo.com

RESTAURANT

El Faro €€
Von der Dachterrasse, des Lokals überblickt man schön den Jachthafen. Internationale Speisekarte, gute Cocktails
- Puerto Castillo | Caleta de Fuste
  Tel. 928 94 98 35

BETANCURIA 8 ⭐ ▮ V8

Die alte Hauptstadt ist die vielleicht größte Attraktion, die Fuerteventura abseits der Strände zu bieten hat. Der 1405 vom Eroberer Béthencourt gegründete Ort wirkt, als ob die Zeit nach der Conquista stehen geblieben sei. Die **Iglesia Santa Maria de Betancuria** (Mo–Sa 10 bis 12.30, 13–15.50 Uhr), in der derzeit auch das Kirchenmuseum untergebracht ist, bildet den Mittelpunkt. Das Museo Arqueológico an der Hauptstraße wartet auf die Eröffnung. Direkt am Kirchplatz des Ortes findet sich mit der **Casa Santa María** das wohl schönste Insellokal, mit lauschigem Ambiente in einem Stadtpalast und inseltypischer Küche (Tel. 928 87 82 82, www.casa santamaria.net; So geschl., €€€). Angeschlossen sind eine interessante Kunsthandwerksausstellung und ein kleiner Laden, der kulinarische Spezialitäten verkauft.

Nördlich von Betancuria steigt die Straße in engen Serpentinen zu einem 676 m hohen Pass an. Von diesem führt eine Stichstraße zum **Mirador de Morro Velosa,** einem großartigen Aussichtspunkt mit Ausstellung zur Inselumwelt, Cafeteria und Kunsthandwerksladen (Di bis Sa 10–18, Winter 9.30–17 Uhr).

COSTA CALMA 9 📖 U9

Die »stille Küste« ist eine künstlich aus dem Boden gestampfte Siedlung. Sie wirkt noch etwas unfertig; zwischen den weit auseinander gezogenen Resorts und Einkaufszentren liegt so manches Stück Ödland. Als planerischer Glücksgriff erwies sich die beiderseits der Hauptstraße mit geklärtem Nutzwasser der Hotels aufgeforstete Zone, die üppig grünt und die Ferienanlagen vom Durchgangsverkehr abschirmt.

Lohnend ist ein Abstecher nach **La Pared** zur Playa del Viejo Rey. Der Traumstrand ist wegen der starken Brandung allerdings meist Wellenreitern vorbehalten.

VERKEHR
Busverbindungen: Puerto del Rosario bzw. Morro Jable (alle 30–60 Min.).

HOTELS
Fuerteventura Playa €€
Familienfreundliches All-inclusive-Resort am Strand, 300 Zimmer auf drei Etagen.
• Avenida Jahn Reisen, 1 | Costa Calma
  Tel. 928 54 73 44 | www.sbhfue.com

Risco del Gato €€€
Extravagantes Bungalowhotel in großer Gartenanlage mit Feinschmeckerlokal.
• Calle Sicasumbre, 2 | Costa Calma
  Tel. 928 54 71 75 | www.vikhotels.com

RESTAURANT
Fuerte Action €
Szenetreff, beliebt für seine Burger und Cocktails, dazu Surfvideos.
• Centro Comercial El Palmeral
  Costa Calma | Tel. 928 54 74 47
  www.fuerte-action-bar.com

PLAYAS DE SOTAVENTO
10 ⭐9 📖 U10

Die hellen Sandstrände der Playas de Sotavento säumen beinahe die gesamte Ostküste der Halbinsel Jandía. Einer der schönsten Strandabschnitte beginnt an der imposanten haushohen Wanderdüne **Risco del Paso.** Von hier verläuft eine 4 km lange, teils nur wenige Meter breite Nehrung bis zur **Playa Barca** und lädt zu einer herrlichen Strandwanderung ein. Die abgetrennte Flachwasserlagune bildet bei Flut ein überdimensionales Planschbecken für Groß und Klein, bei Ebbe hinterlässt sie ein nur knietiefes, wattähnliches Biotop.

Die Playa Barca ist ein Toprevier für Windsurfer, das Surfhotel Los

Gorriones (www.melia.com) und die größte Surfschule der Kanaren (Pro Center René Egli, www.rene-egli.com › S. 29) bieten die nötige Infrastruktur.

JANDÍA 11 ◨ T10

Der Ferienort auf der Halbinsel gleichen Namens ist das urbane Zentrum eines der besten Strandreviere in ganz Europa. Gewachsene Strukturen dürfen allerdings nicht erwartet werden, zu beiden Seiten der großzügig angelegten Durchgangsstraße machen sich teils monströse Hotelkomplexe und Shoppingzentren breit, wie das Cosmo Center (Avda. de Saladar). Davor findet donnerstags (9–14 Uhr) ein Souvenir- und Textilmarkt statt, mit vielen afrikanischen Händlern.

Mekka der Strandurlauber ist die **Playa del Matorral,** die an der Ostküste der Halbinsel nahtlos in die Playa de Butihondo und Playas de Sotavento übergeht. Der Strand erstreckt sich vom Leuchtturm Jandía auf einer Länge von gut 20 km bis zur Costa Calma – für Strandwanderer also beste Bedingungen. › mehr S. 17 Punkt **31**

INFOS
Oficina de Turismo
• Avenida del Saladar, s/n (im Cosmo Shopping Center) | Jandía
Tel. 928 54 07 76

HOTELS
Riu Palace Jandía €€€
Futuristischer Bau mit 200 eleganten Zimmern; Gesundheits- und Schönheitszentrum, Themenrestaurant und Showcooking.
• Playa de Jandía | Tel. 928 54 03 70
www.riu.com

Ocean World €€
Kleines, bei Tauchern beliebtes Aparthotel, 17 Studios für max. drei Personen.

Ein Allrad-Minibus fährt von Morro Jable aus die Playa de Cofete an

• Flamenco, 2 | Jandía | Tel. 928 54 03 24
  www.oceanworld.de

RESTAURANTS

Marabú €€€

Auf der Gartenterrasse genießt man zartes
Milchlamm oder Schwertfischsteak in Pfef-
ferkruste. So geschl.
• Fuente de Hija, s/n | Esquinzo Playa
  Tel. 928 54 40 98 | www.e-marabu.com

Coronado €€€

Gepflegtes Abendlokal im gleichnamigen
Resort, internationale Küche. So/Mo geschl., Di–Sa nur abends geöffnet.
• El Sol, 14 | Jandía | Tel. 928 54 11 74
  www.restaurantecoronado.com

MORRO JABLE 12 📖 T10

Vor seiner touristischen Entde-
ckung war Morro Jable ein verschla-
fenes Fischerdorf, das bis in die
1970er-Jahre hinein nur über eine
staubige Piste zu erreichen war.
Heute staut sich in den engen Gassen der Verkehr mitunter zu langen
Schlangen, und an der Promenade
am Wasser, die bis Jandía Playa
führt, reiht sich ein Fischlokal ans
andere. Wer südländisches Flair
sucht, wird hier bedient.

VERKEHR

• **Busverbindungen:** Nach Puerto del Rosario und Costa Calma (je alle 30–60
  Min.) sowie Cofete (2-mal tgl.).

HOTEL

Casablanca €€

Hübsche Appartements in aussichtsreicher
Hanglage. Besonders schön: das Duplex-
Penthouse mit Platz für bis zu 4 Pers.

• Avenida del Faro, 6 | Morro Jable
  Tel. 928 54 17 44
  www.apartamentos-casablanca.com

Igramar €€

Überschaubar große Appartementanlage
in der Nähe des alten Fischerhafens, mit
Pool und Kinderbecken.
• Peatonal Las Gaviotas, 3
  Morro Jable | Tel. 928 16 64 23
  www.igramarmorrojable.com

RESTAURANT

La Farola del Mar €€

Fischlokal am Westende der Promenade,
mit Terrasse am Meer; auch vegetarisch.
• Peatonal La Chalana | Morro Jable
  Tel. 928 16 71 66
  www.lafaroladelmar.net

COFETE 13 📖 T10

Der Weiler Cofete an der Nordküste
der Halbinsel Jandía erscheint wie
der letzte Außenposten der Zivilisa-
tion und ist nur über eine holprige
Staubpiste erreichbar.

Überwältigend ist der Panoramablick auf den traumhaften Strand
Playa de Cofete – kein einziges
Hotel verschandelt den unter Naturschutz gestellten Küstenstrich.
Der hohe Wellengang verhindert
ein gefahrloses Baden, Strandwanderer und Naturfreunde können
dafür eines der letzten unberührten
Paradiese der Insel genießen. › mehr
S. 12 Punkt ❶

RESTAURANT

Bar Cofete €

Urige Bar, einfache deftige Landküche.
• Cofete | Tel. 928 17 42 43

LANZAROTE

Der Jardin de Cactus ist ein
landschaftsgestalterisches
Kunstwerk von César Manrique

Der prominente Universalkünstler César Manrique hat seine Heimatinsel nachhaltig geprägt – durch eine faszinierende Symbiose aus Natur und Kunst. Daneben punktet Lanzarote mit dem Nationalpark Timanfaya und Traumstränden.

Die »Feuerinsel« kann ihren vulkanischen Ursprung nicht verleugnen – durch eine Eruptionsserie im 18. Jh. versanken weite Teile der Insel in Schutt und Asche, noch heute ähnelt sie einer Mondlandschaft. Daneben ist Lanzarote auch populär für seine Kunst in der Landschaft, geschaffen von dem Künstler und Architekten César Manrique.

Natürlich ziehen auch die feinen Sandstrände Touristen aus halb Europa an. An der Ost- und Südküste entstanden drei große Badeorte. Am quirligsten geht es in Puerto del Carmen zu, Costa Teguise mit gutem Sportangebot erweist sich als etwas ruhiger. Zunehmende Bedeutung gewinnt Playa Blanca an der sonnensicheren Südküste, die mit den Papagayo-Stränden einen der schönsten Küstenabschnitte der Kanaren zu bieten hat.

Auf Lanzarote lassen sich Badeferien auf angenehme Art mit Naturerlebnis und Kulturgenuss verbinden – das macht die Anziehungskraft der 1994 von der UNESCO zum Biosphärenreservat erklärten Insel aus. Dazu wird sportliche Aktivität großgeschrieben, wie Windsurfen und Tauchen, Rennradfahren und Mountainbiken. Auch Wanderungen durch die Vulkanlandschaft und zu aufgerissenen Kratern werden immer beliebter.

TOUREN IN DER REGION

TOUR 17

AUF SPUREN VON CÉSAR MANRIQUE

ROUTE: Monumento al Campesino › Tahiche › Guatiza › Arrieta › Jameos del Agua › Mirador del Río › Haría › Teguise

KARTE: Seite 136
DAUER: 1 Tag; Fahrstrecke: 55 km
PRAKTISCHE HINWEISE:
• Angesichts der hochkarätigen Sehenswürdigkeiten empfiehlt es sich, die Tour auf zwei Tage zu verteilen.
• Die Entfernungen sind relativ kurz, sodass man nach dem ersten Tag wieder ins Quartier zurückkehren kann.

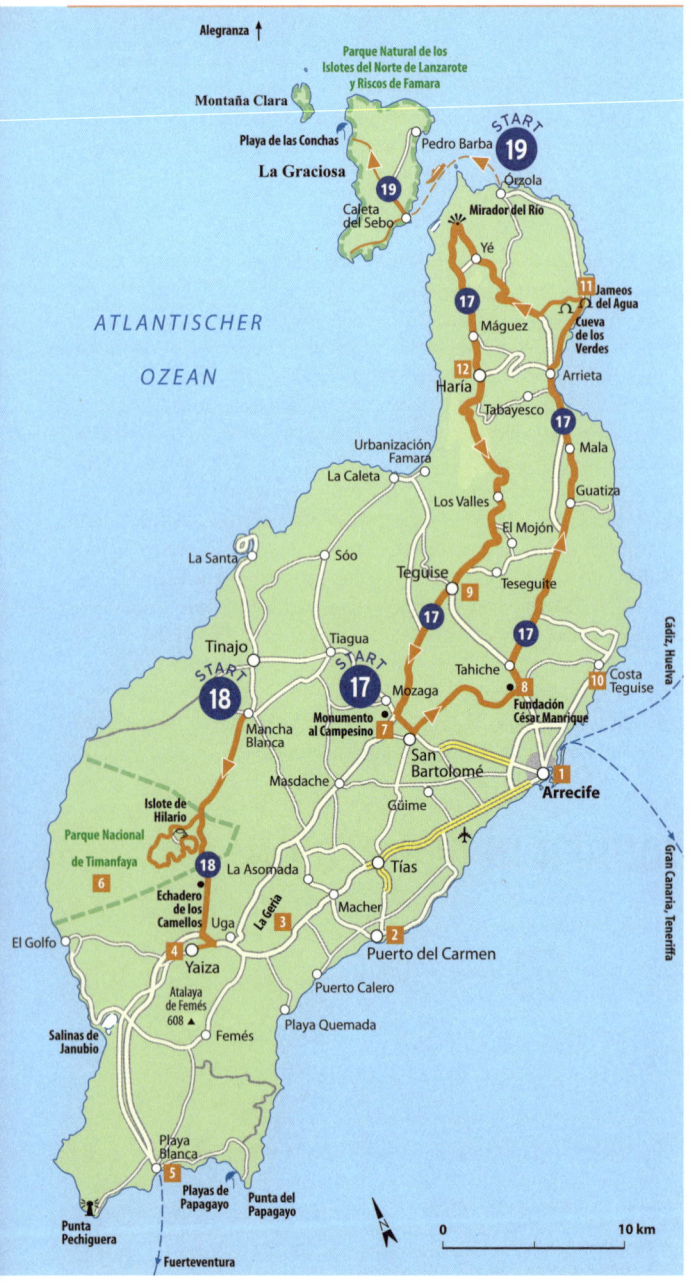

TOUR-START:

César Manrique (1919–1992) hinterließ Lanzarote viele herausragende Sehenswürdigkeiten. Die Spurensuche zu seinen wichtigsten Werken startet im Inselzentrum, das vom **Monumento al Campesino** **7** › S. 143 überragt wird. Bei Tahiche ist das extravagante Privathaus des Künstlers zu besichtigen, in dem die **Fundación César Manrique** **8** › S. 143 untergebracht ist.

In **Guatiza** legte Manrique in einem von Feigenkakteen vereinnahmten Landstrich, früher ein Zentrum der Schildlauszucht › S. 11, den **Jardín de Cactus** an. Eine Windmühle überragt den Kaktusgarten, in dem über 1400 verschiedene Kakteenarten bestaunt werden können (tgl. 10–17.45, Mitte Juli bis Mitte Sept. ab 9 Uhr).

Über das wegen seiner guten Fischlokale bekannte **Arrieta** erreicht man die spektakulär ausgestalteten Lavagrotten **Jameos del Agua** **11** › S. 145. Von dort windet sich ein Bergsträßchen zum **Mirador del Río** hinauf. Von dem ehemaligen Militärposten bietet sich ein spektakulärer Ausblick auf die Inseln La Graciosa, Montaña Clara und Alegranza. Der am Rand des Famarakliffs klebende Aussichtspunkt gilt als Meisterwerk des Künstlers (10–17.45, Mitte Juli bis Mitte Sept. 10–18.45 Uhr, Eintritt 4,75 €).

Die Rundfahrt klingt mit einem Spaziergang durch das Palmendorf **Haría** **12** › S. 145 aus. Auf dem dortigen Friedhof fand der 1992 mit dem Auto verunglückte Manrique seine letzte Ruhe. Über die alte Hauptstadt **Teguise** **9** › S. 143 kommt man zum Ausgangspunkt zurück.

TOUR 18

DURCH DIE FEUERBERGE

ROUTE: Mancha Blanca › Islote de Hilario › Echadero de los Camellos › Yaiza

KARTE: Seite 136
DAUER: 1/2 Tag; Fahrstrecke: 20 km
PRAKTISCHER HINWEIS:
• Die Feuerberge zeigen sich morgens und am späten Nachmittag im besten (Foto-)Licht.

TOUR-START:

Die Tour in den **Nationalpark Timanfaya** **6** › S. 142 macht mit der wohl faszinierendsten Vulkanlandschaft im Archipel bekannt. Vom Besucherzentrum **Mancha Blanca** aus erreicht man auf der LZ-67 das Kassenhaus des Parque Nacional. › mehr S. 14 Punkt **10** Am **Islote de Hilario** endet der private Verkehr; eine 45-minütige Bustour erschließt die ausgebrannte Vulkanlandschaft der Feuerberge, Vulkankegel, Lavaseen und eingestürzte Lavatunnel erinnern an eine Mondlandschaft. Nach der Runde kann man im von Manrique gestalteten Restaurante El Diablo › S. 143 essen.

Zurück auf der LZ-67 besteht am **Echadero de los Camellos** die Möglichkeit für einen Dromedarausritt durch die Feuerberge (ca. 30 Min., Juli–Sept. 9–16.30, sonst bis 16 Uhr); ein guter Landgasthof findet sich im Dorf **Yaiza** **4** › S. 140.

TOUR
19

AUF DIE NACHBARINSEL LA GRACIOSA

ROUTE: Órzola › Caleta del Sebo › Playa de las Conchas

KARTE: Seite 136

DAUER: 1 Tag; Anfahrt: Personenfähre

PRAKTISCHE HINWEISE:

- Wenn eine Wanderung zu einem der Strände geplant ist, empfiehlt sich in Órzola die Frühfähre. In Caleta del Sebo legt das letzte Schiff um 17.30, im Sommer z. T. um 18.30 Uhr ab.
- Schiffsfahrpläne/-preise (span.): www.biosferaexpress.com sowie www.lineasromero.com

Hafenfront der Inselhauptstadt Arrecife

TOUR-START:

Von **Órzola** im äußersten Norden von Lanzarote setzen mehrmals täglich Linienschiffe nach La Graciosa über; die Überfahrt zur kleinen Nachbarinsel dauert rund 20 Min.

Die einzige ständig bewohnte Siedlung ist **Caleta del Sebo** (»Talbucht«). Kubische Häuser- und versandete Straßen verleihen dem Hafenort ein fast afrikanisches Flair. Von Caleta del Sebo kommt man auf sandigen Pisten per pedes oder Mountainbike (kann vor Ort ausgeliehen werden) zu den unberührten Stränden im Süden oder quer über die Insel zur **Playa de las Conchas**.

UNTERWEGS AUF LANZAROTE

ARRECIFE 1 ◖ Y4

Die wichtigsten Anlaufpunkte in der Inselhauptstadt (58 500 Einw.) sind zwei zum Schutz vor Piratenangriffen errichtete Festungen. Das 400 Jahre alte **Castillo de San Gabriel** thront auf einem vorgelagerten Inselchen; ein Damm und die pittoreske Zugbrücke **Puente de las Bolas** (Kugelbrücke) – das Wahrzeichen Arrecifes – verbinden das Kastell mit dem Festland. In dem historischen Gemäuer befindet sich ein Museum zur Stadtgeschichte (Mo–Fr 10–17, Sa 10–14 Uhr).

Die Küstenstraße führt zum oberhalb des Hafens gelegenen **Castillo de San José.** Der beeindruckende Festungsbau aus dem 18. Jh. beherbergt heute das **Museo Internacional de Arte Contemporáneo.** Das Forum für zeitgenössische Kunst zeigt wichtige Stilrichtungen abstrakter Kunst. Es wurde auf Anregung von César Manrique eingerichtet und enthält auch einige seiner eigenen Werke (tgl. 10–20 Uhr, Eintritt 4 €, mit Restaurant › rechts).

INFOS
Centro de Arte, Cultura y Turismo (CACT Lanzarote)
● Calle Triana, 38 | Arrecife
  Tel. 928 81 17 62
  www.turismolanzarote.com

HOTELS
Arrecife Gran Hotel €€€
Das vierzehnstöckige Hochhaus präsentiert sich elegant, mit beachtlichem Spa-Bereich und tollem Panoramalokal.
● Parque Islas Canarias | Arrecife
  Tel. 928 80 00 00
  www.aghotelspa.com

Miramar €
Gegenüber vom Kastell San Gabriel, mit hübschem Dachgarten und Meerblick.
● Avenida Coll, 2 | Arrecife
  Tel. 928 81 26 00
  www.hmiramar.com

RESTAURANT
Qué MUAC €€€
Zeitgemäße Tapas im von Manrique konzipierten, schicken Lokal im Museum des Castillo de San José.
● Tel. 928 81 23 21 | Arrecife

PUERTO DEL CARMEN

 2 X4

Puerto del Carmen ist eine typische Touristenstadt, die vom Bonus ihrer feinsandigen Strände lebt. An der 8 km langen Avenida de las Playas stehen Unterkünfte für mehr als 30 000 Gäste bereit. Dutzende von Restaurants und Einkaufszentren machen die Infrastruktur perfekt. An der quirligen Küstenstraße wetteifern Diskos, Spielsalons und Karaoke-Bars um Kundschaft.

Nicht weit entfernt, im Jachthafen **Puerto Calero** westlich von Puerto del Carmen, kann man auf der Mole bummelnd schicke Boote bestaunen und in eines der Terrassenlokale einkehren.

HOTELS

Playamar €
Beliebte Appartements in Strandnähe unter deutscher Leitung, mit einem oder zwei Schlafräumen; viele Stammgäste.
• Calle Doramas, 13
  Puerto del Carmen | Tel. 928 51 00 70
  www.apartamentosplayamar.com

THB Flora €
Nettes Familienhotel mit zwangloser Atmosphäre. Zum Strand sind es 800 m.
• Calle Reina Sofía, 25 | Puerto del Carmen
  Tel. 928 51 49 00 | www.thbhotels.com

RESTAURANTS

La Casa del Parmigiano €€
Guter Italiener mit leckerer Holzofenpizza und großer Pastagerichte-Auswahl.
• Calle Alegranza, 1 | Puerto del Carmen
  Tel. 928 51 27 31

La Lonja €€
Stimmungsvolles, beliebtes Hafenlokal mit Tapas-Bar und Fischrestaurant.
• Avenida Varadero | Puerto del Carmen
  Tel. 928 51 13 77

Tamarindos €€
Vegetarische Vollwertkost im anthroposophischen Zentrum. Reservierung erbeten.
• Salinas, 12 | Puerto del Carmen
  Tel. 928 51 28 42

AUSFLUG: LA GERIA

 3 X4

Auf der Weinstraße La Geria › S. 52 zwischen Mozaga und Uga bezaubert die Mischung aus Kulturlandschaft und Natur. In unzähligen trichterförmigen, durch kleine Steinwälle vor dem Wind geschützten Mulden reifen auf pechschwarzer Lavaerde die Trauben heran. Marktführer unter den exzellenten Lanzarote-Weinen sind die der **Bodegas El Grifo** in Masdache; mit Weinmuseum (LZ-30, Km 11, www.elgrifo.com; tgl. 10.30–18, Mitte Juli–Mitte Sept. bis 19 Uhr).

YAIZA **4** W4

Der schmucke Ort kann mit einer besonderen Auszeichnung aufwarten: Er wurde schon mehrfach zum schönsten Dorf Spaniens gekürt. Die Häuser sind im Stil der traditionellen Landarchitektur gehalten, Bougainvilleen, Hibisken und Palmen unterstreichen den gepflegten Eindruck. Die Pfarrkirche **Nuestra Señora de los Remedios** wurde im

18. Jh. nach einem Vulkanausbruch wieder aufgebaut. Die Ausstellungen in der **Casa de la Cultura** widmen sich den bedeutendsten Malern der Insel (Mo–Fr 8–15.30 u. 16–19 Uhr).

Westlich von Yaiza liegt am Fuß des Halbkraters **El Golfo**, eine smaragdgrüne Lagune, die vor der von Tuffsträngen durchzogenen Kraterwand wie eine Filmkulisse wirkt. In den beliebten Fischlokalen des gleichnamigen Ortes sitzt man schön direkt am Meer.

HOTEL

El Hotelito del Golfo €
Nette kleine Familienpension mit nur fünf Doppelzimmern und Minipool.
• Avenida Marítima, 6 | El Golfo
Tel. 928 17 32 72
www.hotelitodelgolfo.com

RESTAURANTS

La Era €€
Von César Manrique gestalteter Landgasthof. In hübsch ausstaffierten kleinen Gaststuben wird Inselküche serviert.
• Calle Barranco, 3 | Yaiza
Tel. 928 83 00 16 | www.laera.com

La Lapa €€
In dieses Fischlokal am Meer kommt man am besten zum Sonnenuntergang.
• Avenida Marítima, 2 | El Golfo
Tel. 928 17 36 63

SHOPPING

Galería Yaiza
In der von Deutschen geführten Kunstgalerie am Ortsausgang Richtung Playa Blanca können Gemälde, Schmuck und Keramik erstanden werden. Mo–Sa 17–19 Uhr.

• Vista de Yaiza, 41 | Yaiza
Tel. 928 83 03 03
www.galeriayaiza.com

PLAYA BLANCA 5 📙 W5

Der weitläufige Badeort **Playa Blanca** an der Südküste verdankt den sonnensicheren Stränden seine Beliebtheit. › mehr S. 13 Punkt **9** Die lange Promenade führt vom Fährhafen ins hübsch gestaltete Viertel **Marina Rubicón** mit dem Jachthafen (www.marinarubicon.com).

Die **Papagayo-Strände** weiter östlich wurden als Naturpark ausgewiesen und somit vor Bebauung bewahrt. Die sanft abfallenden Sandbuchten mit kristallklarem Wasser sind ideal zum Baden für Kinder (Zufahrt kostenpflichtig).

VERKEHR

• **Schiffsverbindungen:** Etwa stdl. mit Corralejo (Fuerteventura); Ausflugsboote nach Lobos.
• **Busverbindungen:** Arrecife via Puerto del Carmen (4- bis 8-mal tgl.).

HOTELS

H10 Lanzarote Princess €€
Modernes Großhotel um einen grünen Innenhof, mit allem Komfort. Sportangebote wie Tennis, Squash und Minigolf.
• Calle Maciot | Playa Blanca
Tel. 928 51 71 08 | www.h10hotels.com

HL Paradise Island €€
Angenehmes 4-Sterne-Aparthotel mit freundlich eingerichteten Wohneinheiten, für Paare und Familien geeignet.
• Urb. Montaña Roja | Tel. 928 51 78 80
www.hotel-paradiseisland.com

Faszinierende Vulkanlandschaft im Parque Nacional de Timanfaya

RESTAURANT

Café del Puerto €€

Tolle Lage direkt an der Marina Rubicón.

• Calle El Berrugo | Playa Blanca
   Tel. 928 51 93 53

Casa Pedro €€

Der Klassiker unter den Lokalen an der Meerespromenade. Fangfrischer Fisch und Meeresfrüchte. Mi geschl.

• Avenida Marítima, 77
   Playa Blanca | Tel. 928 51 79 65

NATIONALPARK TIMANFAYA 6 ⭐10 📖 W3/4

Glanzpunkt eines Lanzarote-Urlaubs ist der Besuch des Nationalparks Timanfaya (tgl. 9–17.45 Uhr, Eintritt 10 €). Nach den verheerenden Vukanausbrüchen im 18. Jh. bildeten sich etwa hundert neue Vulkankegel – die **Montañas del Fuego** (Feuerberge); der für den

---

💬 **ALS DIE ERDE AUFBRACH …**

Es war der Abend des 1. September 1730, als sich die Erde auftat und aus weiten Schlünden feuerrote Lavaströme in die Timanfaya-Region spuckte. Nicht nur, dass die glühenden Fontänen die Nacht zum Tag machten: Aus etwa hundert neu aufgeschütteten Vulkankegeln ergoss sich ein Ascheregen auf die Insel und begrub zehn Dörfer. Das Inferno dauerte sechs Jahre, ein Drittel der Inselfläche versank in Schutt und Asche. Wie durch ein Wunder gab es keine Toten, doch Tausende mussten auf die Nachbarinseln fliehen.

Nationalpark namensgebende Krater ist die 478 m hohe **Montaña de Timanfaya.**

Der Zutritt zum Park ist streng reglementiert. Vom Parkplatz am **Islote de Hilario** wird eine Bustour angeboten, auf der die Entstehungsgeschichte und die Besonderheiten der Region erklärt werden. Wanderer können die bizarre Landschaft auf dem von Nationalparkrangern geführten Touren auf dem vulkanologischen Lehrpfad zur **Montaña de Tremesana** (329 m) erkunden; Anmeldungen sind ausschließlich online möglich unter www.reservasparquesnacionales.es); in der Hochsaison sind die kostenlosen Touren mitunter schon Wochen im Voraus ausgebucht. Das **Centro de Visitantes e Interpretación** informiert (multimedial) über Vulkanismus sowie über den Nationalpark (Cta. Yaiza – Mancha Blanca, km 11,5, Tel. 928 11 80 42; tgl. 9–16 Uhr).

RESTAURANT

El Diablo
Spezialität des von Manrique entworfenen Ausflugslokals sind Steaks vom Vulkangrill.
• Islote de Hilario | Tel. 928 84 00 57

MONUMENTO AL CAMPESINO 7 ▮ X3

Im geografischen Zentrum von Lanzarote setzt Manriques aus Wasserkanistern zusammengeschweißtes abstraktes **Monumento al Campesino** Bauern und Fischern ein weithin sichtbares Denkmal. Im Stil eines traditionellen Bauerngehöfts

vereint die benachbarte **Casa-Museo del Campesino** ein Heimatkundemuseum (tgl. 10–17.45, Mitte Juli–Mitte Sept. ab 9 Uhr), ein Keramikstudio sowie einen Landgasthof (Tel. 928 52 01 36; €€).

FUNDACIÓN CÉSAR MANRIQUE 8 ⊞ ▮ Y4

Im ehemaligen Wohnhaus César Manriques bei Tahiche ist heute die nach ihm benannte Stiftung untergebracht. Die extravagant gestalteten, unterirdischen Wohnblasen wurden zu einer Wallfahrtsstätte für Architekten. Ebenfalls zu besichtigen ist Manriques Privatsammlung, die neben diversen eigenen Arbeiten auch Werke von Picasso und Miró umfasst (C. Jorge Luis Borges, 10, www.fcmanrique.org; tgl. 10 bis 18 Uhr, Eintritt 8 €).

TEGUISE 9 ▮ X3

Das im Binnenland gelegene Teguise wurde 1406 von den Spaniern als erste Siedlung auf den Kanaren gegründet und war bis 1852 Lanzarotes Hauptstadt. Die Altstadt prunkt mit alten Bürgerpalästen und Klöstern. Hoch über der Stadt hält die Festung **Castillo Santa Barbara** Wache. Trotzdem konnte nicht verhindert werden, dass Teguise wiederholt von Piraten heimgesucht wurde. Vor allem die ehemalige Bischofskirche **Nuestra Señora de Guadalupe** fiel wiederholt Flammen zum Opfer; die neoklassizistischen Stilelemente verraten den Zeitpunkt ihres letzten Wiederaufbaus.

Unter den sehenswerten Herrenhäusern ragt der **Palacio de Spínola** hervor. Ursprünglich als Residenz der Generalkapitäne der Insel erbaut, spiegelt der Bürgerpalast das Repräsentationsbedürfnis der späteren Besitzer, einer genuesischen

---

👍 MANRIQUES MEISTERWERKE

- Der **Lago Martiánez** (Teneriffa) ist zweifelsohne die schönste Badelandschaft der Kanaren. Fächerpalmen sorgen für karibisches Flair und lassen selbst das Meer vergessen. › S. 73
- Der **Mirador César Manrique** klebt wie ein Adlerhorst am Fels hoch über dem terrassierten Palmental von Valle Gran Rey (La Gomera). Faszinierend! › S. 94
- Manrique hatte ein sicheres Gespür für dramatische Aussichtsplätze: So steht das Panoramalokal **Mirador de la Peña** genau am richtigen Platz hoch über der Golfbucht (El Hierro). › S. 102
- Auf Lanzarote kann man das extravagante ehemalige Wohnhaus des Künstlers besichtigen, in dem heute die **Fundación César Manrique** residiert. › S. 143
- Die Lavagrotten von **Jameos del Agua** gelten vielen als das Hauptwerk von Manrique – ein überaus faszinierendes Zusammenspiel von Kunst und Natur an Lanzarotes Nordostküste. › S. 145

Kaufmannsdynastie wider. Heute widmet sich hier ein **Timple-Museum** der traditionellen kanarischen Laute (www.casadeltimple.org; Mo bis Sa 9–16, So 10–16 Uhr).

Berühmt ist Teguise wegen des bunten **Mercadillo** , der die historische Altstadt jeden Sonntagvormittag in einen Rummelplatz verwandelt (9–14 Uhr).

Außerdem hat sich im Ort eine alternative Kulturszene etabliert; viele Künstler und ausländische Einwanderer richteten in den rustikalen Stadthäusern ausgefallene Ateliers, schicke Boutiquen und gemütliche Restaurants ein.

RESTAURANTS

Balague €€€
Schickeria-Designlokal vor der imposanten Kulisse eines ehemaligen Steinbruchs im Nachbarort. Mo Ruhetag.
- Calle los Loros, 2 | Oasis de Nazaret
  Tel. 928 84 56 65
  www.restaurantebalague.com

Acatife €€
Das Lokal bietet typische kanarische Küche, die Weinkarte kann sich sehen lassen.
- Calle San Miguel, 4 | Teguise
  Tel. 928 84 50 37

COSTA TEGUISE 10 📖 Y4

Die Ferienstadt nordöstlich von Arrecife entstand in den 1970er-Jahren an einem bis zu diesem Zeitpunkt unberührten Küstenstrich. Das von César Manrique geschaffene **Pueblo Marinero** galt lange als Vorbild für eine der lokalen Tradition verpflichtete Bauweise. Kleine

Badebuchten und ein gutes Sportangebot mit Tauch- und Surfstationen sowie einem 18-Loch-Golfplatz › S. 31 machen den trotz seiner Größe relativ ruhigen Badeort zu einer Destination für einen sportlich-aktiven Familienurlaub.

HOTELS

Be Live Experience Lanzarote Beach €€
Elegantes Großhotel mit direktem Strandzugang, Spa, Poollandschaft und Miniklub. Es gibt auch Familienzimmer.
• Plaza Janubio, 2 | Costa Teguise
  Tel. 928 82 72 60 | www.belivehotels.com

El Guarapo €
Die gepflegten, nett eingerichteten Appartements liegen ein paar Gehminuten vom Strand entfernt, dafür aber relativ ruhig.
• Tabaibas, 10 | Costa Teguise
  Tel. 928 59 00 57 | www.elguarapo.com

RESTAURANT

Portobello €€
Der beliebteste Italiener am Platz.
• Centro Comercial Las Cucharas
  Costa Teguise | Tel. 928 59 02 41

JAMEOS DEL AGUA

11 📗 Y3

Die Lavagrotten **Jameos del Agua** ziehen jährlich Hunderttausende Besucher in ihren Bann. Das Umfeld der teils eingestürzten Höhle wurde ! von César Manrique in ein kunstvolles Ensemble transformiert, mit von Palmen umstandenem Pool, in den Lavawänden platzierten Bars und einem wegen seiner besonders guten Akustik ge-

rühmten Auditorium. Unter der gewölbten Höhlendecke liegt eine unterirdische Lagune, in der sich Myriaden von nur fingernagelgroßen Albinokrebsen tummeln (tgl. 10–18.30 Uhr, Eintritt 9,50 €).

Zum selben Höhlensystem, das vom Vulkan **Monte Corona** ausgeht, gehört die **Cueva de los Verdes.** Enge Gänge weiten sich hier unmittelbar zu riesigen unterirdischen Hallen. In einem kleinen See spiegelt sich gestochen scharf das Deckengewölbe und täuscht einen tiefen Abgrund vor (tgl. 10–17, Mitte Juli–Mitte Sept. 10–18 Uhr, Eintritt 9,50 €).

HARÍA **12** 📗 Y3

Ein außerordentlich liebliches Tal – auch als »Tal der tausend Palmen« bekannt – bildet die Kulisse von **Haría.** Verwinkelte Gassen und die weiße, schlichte Dorfarchitektur, geruhsame Plazas und blühende Vorgärten geben dem Dorf einen beschaulichen Charakter. Um den Ort herum werden auf schön terrassierten Feldern Kartoffeln und Zwiebeln kultiviert – für die ansonsten trockene Vulkaninsel eine kleine Sensation. Auf der **Plaza León y Castillo** findet samstags ein kleiner Bauern- und Kunsthandwerkermarkt statt.

Hübsch in einem Palmenhain gelegen ist das **Casa-Museo César Manrique.** In dem Haus verbrachte der Künstler seinen letzten Lebensjahre (Tel. 928 84 31 38, www.fcmanrique.org; tgl. 10.30–17.30 Uhr, Eintritt 10 €).

EXTRA-TOUREN

Santiago Calatravas Auditorio de
Tenerife in Santa Cruz

$^{T}O^{U}R$

20

HÖHEPUNKTE AUF TENERIFFA UND GRAN CANARIA IN ZWEI WOCHEN

ROUTE: Puerto de la Cruz > Playa de las Américas > Nationalpark Teide > La Laguna > Icod de los Vinos > Santa Cruz > Barranco de Masca > Maspalomas > Tejeda > Puerto de Mogán > Las Palmas

KARTE: Klappe hinten
DAUER: **Puerto de la Cruz** > **Loro Parque** per Bus ca. 10 Min.; **Puerto de la Cruz** > **Siam Park** per Bus ca. 1 Std.; **Puerto de la Cruz** > **Nationalpark Teide** per Mietwagen ca. 2 Std.; **Puerto de la Cruz** > **La Laguna** per Bus ca. 30 Min.; **Puerto del la Cruz** > **Icod de los Vinos** per Bus ca. 45 Min.; **Puerto de la Cruz** > **Masca** per Mietwagen ca. 2 Std.; **Teneriffa Nord** > **Gran Canaria** per Flugzeug 30 Min.; **Maspalomas** > **Tejeda** per Mietwagen ca. 2 Std.; **Maspalomas** > **Puerto de Mogán** per Bus ca. 1 Std.; **Maspalomas** > **Las Palmas** per Bus ca. 1 Std.
VERKEHRSMITTEL: Tagesausflüge auf Teneriffa sind von Puerto de la Cruz aus per Bus möglich, nur für den Nationalpark und Masca empfiehlt sich ein Mietwagen. Den Flug Teneriffa Nord – Gran Canaria kann man über www.bintercanarias.com, www.canaryfly.es oder im Reisebüro buchen. Auf Gran Canaria sind die meisten Ausflüge per Bus machbar, nur für die Fahrt ins Bergland wird ein Mietauto benötigt.

Die meisten Ferienflieger landen bereits gegen Mittag auf Teneriffa, sodass man am Ankunftstag noch genügend Zeit für einen Stadtbummel durch **Puerto de la Cruz** > S. 73 oder für ein kurzes Sonnenbad am Strand hat.

Am zweiten Tag bietet sich der Besuch im Tierpark **Loro Parque** > S. 73 im Norden oder im Wasserpark **Siam Park** > S. 66 in **Playa de las Américas** an. Für die zahlreichen Attraktionen, die für ein relativ hohes Eintrittsgeld geboten werden, sollte man einen ganzen Tag einplanen.

Der dritte Tag ist für eine Exkursion in den **Nationalpark Teide** > S. 68 reserviert – mit seiner bizarren vulkanischen Szenerie ist das Weltnaturerbe sicherlich die spektakulärste Landschaft der Kanaren. Man sollte möglichst zeitig aufbrechen, denn frühmorgens ist nicht nur das Licht am schönsten, auch der Andrang an der Seilbahnstation zum **Pico del Teide** hält sich dann noch in Grenzen. Für die Mittagsrast bietet sich das staatlich geführte Parador-Hotel am Fuß des Bergstocks an.

Tags darauf steht die Besichtigung der Weltkulturerbestadt **La Laguna** > S. 74 auf dem Programm. Eventuell bleibt ja am Nachmittag sogar noch etwas Zeit für den Besuch des tausendjährigen Drachenbaums im westlich von Puerto de la Cruz gelegenen **Icod de los Vinos** › S. 71. Die Hauptstadt **Santa Cruz** › S. 61 ist ebenfalls einen Tagesausflug wert.

Nach einem Ruhetag an der **Playa Jardín** oder in der stilvollen Badelandschaft **Lago Martiánez** › S. 73 bietet sich am letzten Tag auf Teneriffa eine Wanderung durch eine der inseltypischen Schluchten an, etwa der wildromantische Abstieg vom malerischen Bergdorf **Masca** › S. 70 durch den gleichnamigen **Barranco**.

Am nächsten Tag fliegt man von Teneriffa Nord nach Gran Canaria, wo die Ferienorte an der Süd- bzw. Südwestküste vom Airport aus über die Autobahn zügig zu erreichen sind. Als erste Unternehmung bietet sich eine Tour über die Dünenkämme von **Maspalomas** › S. 116 an.

Einen vollen Tag benötigt man für die Fahrt in das von der Felsnadel des **Roque Nublo** › S. 108 dominierte Bergland. Mittags empfiehlt sich die Einkehr in einem Landgasthof im Bergdorf **Tejeda** › S. 120. Ein weiteres sehenswertes und sehr beliebtes Ausflugsziel ist das gern »Klein-Venedig« genannte **Puerto de Mogán** › S. 118, das mit seinen Brücken und Kanälen tatsächlich an die italienische Stadt erinnert. Urbane Lebensart lässt sich in **Las Palmas de Gran Canaria** › S. 110 erleben. Neben der kolonial geprägten Altstadt lohnt ein Abstecher ins quirlige Hafenviertel Santa Catalina. Am besten besucht man Las Palmas an einem Wochentag, wenn alle Geschäfte geöffnet sind. Für botanisch Interessierte bietet sich der Besuch im **Jardín Botánico Canario** › S. 114 vor den Toren der Stadt an.

Der Rückflug erfolgt nach einem abschließenden Ruhetag an einem der schönen Sandstrände im Süden.

Rückseite der Kathedrale Santa Ana in Las Palmas de Gran Canaria

T O U R
21

WANDERWOCHE AUF DEN WESTKANAREN

ROUTE: Teneriffa > La Gomera > La Palma > Teneriffa

KARTE: Klappe hinten
DAUER: Teneriffa > **La Gomera** per Fähre 40 Min.; **La Gomera** > **La Palma** per Fähre
2,5 Std.; **La Palma** > **Teneriffa** per Flugzeug 30 Min.
VERKEHRSMITTEL: Von den Flughäfen auf Teneriffa und La Palma sind Gabelflüge
möglich. Vom Fährhafen Los Cristianos verkehren ca. 6-mal tgl. Autofähren nach
San Sebastián de La Gomera, von La Gomera nach La Palma ca. 2-mal tgl. Autofähren nach Santa Cruz de La Palma. La Palma und Teneriffa sind täglich via Luft und
Wasser miteinander verbunden. Für die Fortbewegung auf den Inseln ist ein Mietauto erforderlich. Verleihfirmen erlauben oft nicht die Mitnahme auf Fähren. Ohnehin ist es preisgünstiger, bei jedem Inselwechsel einen neuen Wagen anzumieten.

Von Teneriffa als Ausgangsbasis hat man die besten Möglichkeiten, in einer
Woche zwei Nachbarinseln im Westen des Archipels kennenzulernen. Als
Standort bietet sich der Fährhafen **Los Cristianos** > **S. 65** an, wo es einige
Unterkünfte für Tagesgäste gibt. Eine relativ einfache Einstiegstour ist die
Wanderung von **Adeje** > **S. 67** durch den **Barranco del Infierno,** die »Höl-
lenschlucht« im Süden von Teneriffa (ca. 3 Std.). Am zweiten Wandertag
geht es dann hinauf in den **Nationalpark Teide** > **S. 68**. Eine anspruchsvolle
Rundtour dort ist die Besteigung des Guajara (2715 m; 5 Std.).

Auf La Gomera sind in **San Sebastián** > **S. 92** und **Valle Gran Rey** > **S. 94**
viele kleine Hotels und Pensionen auf Individualreisende eingestellt. Sofern
man am frühen Morgen nach La Gomera übersetzt, bleibt genügend Zeit für
die Tour von der Degollada de Peraza zum imposanten Felsturm **Roque de
Agando** (1251 m; 3–4 Std.). Für den zweiten Tag auf La Gomera macht eine
etwa 4-stündige Wanderung von Alto del Contadero nach El Cedro mit dem
tertiären Lorbeerwald des **Nationalparks Garajonay** > **S. 97** bekannt.

Die Fähre von La Gomera erreicht La Palma z. T. erst spätabends; falls
man ein Hotel vorgebucht hat, sollte man dieses über die späte Ankunft informieren. Am nächsten Tag kann man vom Aussichtspunkt Cumbrecita
eine Schnuppertour entlang des südlichen Randes der **Caldera de Taburiente** > **S. 85** unternehmen (ca. 1 Std.). Als krönender Abschluss der Woche
steht eine spektakuläre Panoramawanderung auf dem Programm: die rund
6-stündige Vulkanroute über die **Cumbre Vieja** > **S. 85.**

BADEWOCHE AUF FUERTEVENTURA MIT EINEM AUSFLUG NACH LANZAROTE

ROUTE: Jandía › Betancuria › Corralejo › Playa Blanca › Nationalpark Timanfaya › Fundación César Manrique

KARTE: Klappe hinten

DAUER: Jandía › **Betancuria** per Mietwagen ca. 45 Min.; **Corralejo** › **Betancuria** per Mietwagen ca. 45 Min.; **Jandía** › **Corralejo** per Mietwagen ca. 1¼ Std.; **Corralejo** › **Playa Blanca** per Fähre 30 Min.; **Playa Blanca** › **Nationalpark Timanfaya** per Mietwagen 30 Min.; **Nationalpark Timanfaya** › **Fundación César Manrique** per Mietwagen 30 Min.

VERKEHRSMITTEL: Ein Mietauto bekommt man auf Fuerteventura in allen größeren Orten und am Flughafen. Vergewissern Sie sich, ob dieses nach Lanzarote mitgenommen werden darf (möglich z. B. bei Cicar, www.cicar.com). Oder aber man mietet auf Lanzarote einen neuen Wagen an. Autofähren setzt von Corralejo tgl. alle 1–2 Std. nach Playa Blanca auf Lanzarote über, letzte Rückfahrt gegen 19 Uhr.

Fuerteventuras schönste Strände liegen auf der **Halbinsel Jandía** › S. 132 im Inselsüden. Für einen Abstecher nach Lanzarote ist es jedoch praktisch, sich in **Corralejo** › S. 127 an der Nordküste einzumieten, da dann die mindestens einstündige Anfahrt zum Fährhafen entfällt.

Von beiden Standorten bieten sich abseits der Strände reizvolle Ausflüge ins Hinterland an. Unbedingt besuchenswert ist die alte Hauptstadt **Betancuria** › S. 130, wo sich gleich neben der im Kolonialstil erbauten Pfarrkirche die Casa Santa Maria, eine sehr schöne Einkehrmöglichkeit befindet. Das restaurierte Herrenhaus bietet neben einem schönen Garten auch die Möglichkeit, das lokale Kunsthandwerk kennenzulernen.

Da die Überfahrt nach **Playa Blanca** › S. 141 auf Lanzarote nur eine halbe Stunde dauert, lohnt sich bereits ein Tagesausflug dorthin. Erste Station sind hier die imposanten »Feuerberge« im **Nationalpark Timanfaya** › S. 142. Von hier aus geht es vorbei am von César Manrique entworfenen **Monumento al Campesino** › S. 143 und weiter Richtung Tahiche. Dort kann man die **Fundación César Manrique** › S. 143 im ehemaligen Wohnhaus des Künstlers besichtigen, das extravagant in die Vulkanlandschaft eingepasst ist. Vor der Rückfahrt nach Fuerteventura bietet sich die Einkehr am Jachthafen **Puerto Calero** › S. 140 oder in einem Landgasthof im reizvollen **Yaiza** › S. 140 an.

INFOS VON A–Z

ÄRZTLICHE VERSORGUNG

In den großen Ferienzentren praktizieren viele deutschsprachige Ärzte, deren Adressen man an der Hotelrezeption oder aus den deutschsprachigen Inselzeitungen erfährt. Ernstere Fälle werden an das jeweilige Inselkrankenhaus (Hospital Insular) überwiesen. Auf La Gomera und El Hierro lässt die medizinische Versorgung noch zu wünschen übrig; bei komplizierteren Fällen empfiehlt sich daher die Überführung in die Universitätsklinik von La Laguna auf Teneriffa (Hospital Universitario de Canarias, Tel. 922 67 80 00).

Mitglieder der gesetzlichen Krankenkassen können sich bei staatlich zugelassenen Ärzten nach Vorlage der Europäischen Krankenversicherungskarte (EHIC) behandeln lassen. Empfehlenswert ist der Abschluss einer privaten Reise-Zusatzversicherung, die freie Arztwahl und den Rücktransport ins Heimatland bei medizinischer Notwendigkeit einschließt.

BARRIEREFREIES REISEN

In jüngerer Zeit ist auf den Kanaren das Angebot für Gäste mit Behinderungen und Mobilitätseinschränkungen in der Hotellerie, aber auch in der Gastronomie, an Stränden sowie bei öffentlichen Einrichtungen und Verkehrsmitteln deutlich erweitert worden – insbesondere auf Teneriffa und Gran Canaria.

DIPLOMATISCHE VERTRETUNGEN

- **Deutschland (Konsulat Gran Canaria):**
  Calle Albareda, 3 (2. Stock)
  35007 Las Palmas de Gran Canaria
  Tel. 928 49 18 80
  Tel. 659 51 76 00 (nur Notfall)
  Fax 928 26 27 31
  www.las-palmas.diplo.de
- **Österreich (Konsulat Gran Canaria):**
  c/o Hotel Escorial, Avda. de Italia, 6

35100 Playa del Inglés
Tel. 928 76 13 50, Fax 928 76 13 54
www.aussenministerium.at/madrid
- **Schweiz (Konsulat Gran Canaria):**
  Urb. Bahía Feliz, Edificio de Oficinas
  Local 1, 35107 Playa de Tarajalillo
  Tel. 928 15 79 79, Fax 928 15 79 00
  www.eda.admin.ch/madrid

EINREISE

Für Deutsche, Österreicher und Schweizer genügt zur Einreise der Personalausweis bzw. die nationale Identitätskarte. Mitreisende Kinder benötigen eigene Ausweisdokumente. Für einen Aufenthalt von mehr als drei Monaten brauchen Schweizer ein Visum.

ELEKTRIZITÄT

230 Volt Wechselstrom. Ein Adapter ist nicht erforderlich.

FEIERTAGE

Einige wechseln jährlich, meist: 1. Jan. (Año Nuevo), 6. Jan. (Los Reyes), 19. März (San José), Gründonnerstag (Jueves Santo), Karfreitag (Viernes Santo), 1. Mai (Día del Trabajo), Fronleichnam (Corpus Cristi), 25. Juli (Santiago), 15. Aug. (Asunción), 12. Okt. (Día de la Hispanidad), 1. Nov. (Todos los Santos), 6. Dez. (Día de la Constitución), 8. Dez. (Immaculada Concepción), 25. Dez. (Navidad). Dazu kommen weitere Feiertage, die nur auf einer Insel oder lokal begangen werden.

FKK

An den Touristenstränden ist oben ohne weit verbreitet, obwohl die Canarios auf züchtige Badekleidung Wert legen. An den von Einheimischen bevorzugten Stränden sollte man dies respektieren. FKK wird nur an wenigen einsamen Badebuchten geduldet. Eine Ausnahme ist

Fuerteventura: An den langen Sandstränden von Corralejo und Jandía gilt Nacktbaden schon fast als Norm. Eine bekannte FKK-Enklave stellt Charco del Palo an der Ostküste Lanzarotes dar.

GELD

Offizielle Währung auf den Kanarischen Inseln ist der Euro (€).

Mit Bankkarte (Maestro oder VPay) und Geheimzahl kann man an Banken, in Einkaufszentren und vielen größeren Hotels Bargeld an Automaten abheben. Sowohl Bank- als auch Kreditkarten (u. a. Mastercard, Visa) werden in den Ferienorten als Zahlungsmittel in vielen Hotels, Tankstellen, Supermärkten, bei Autovermietungen und in gehobenen Restaurants weitgehend akzeptiert.

HAUSTIERE

Für Haustiere, die auf die Kanarischen Inseln mitreisen, muss ein EU-Heimtierpass mit gültiger Tollwut-Schutzimpfung vorgelegt werden. Darüber hinaus müssen die Tiere mit einem Mikrochip gekennzeichnet sein.

INFORMATION

- **Deutschland**
  Lichtensteinallee 1, 10787 Berlin,
  Tel. 030 8 82 65 43
  Myliusstrasse 14, 60323 Frankfurt a. M.,
  Tel. 069 72 50 33
  Postfach 15 19 40, 80051 München,
  Tel. 089 5 30 74-611 od. -612

💬 **URLAUBSKASSE**

• Tasse Kaffee:	1,40–2,50 €
• Softdrink:	1,50–2,50 €
• Glas Bier:	2–3 €
• Tapas:	3 €
• Kugel Eis:	1,50–2 €
• Taxifahrt (10 km):	8 €
• Mietwagen/Tag:	ab 10 €

- **Österreich**
  Walfischgasse 8/14, 1010 Wien,
  Tel. 01 5 12 95 80 11
- **Schweiz**
  Seefeldstr. 19, 8008 Zürich
  Tel. 044 2 53 60 50

Im Internet:
- Website des Spanischen Fremdenverkehrsamtes: www.spain.info
- Offizielle Tourismus-Website der Kanarischen Inseln:
  www.holaislascanarias.com

Vor Ort informieren die Büros des Patronato de Turismo. Adressen finden sich bei den Infos im Reiseteil.

NOTRUF

Tel. 112: Zentrale Euro-Notrufnummer für Polizei, Feuerwehr und Ambulanz; in mehreren Sprachen – auch auf Deutsch; beim Handy auch ohne PIN-Eingabe.

ÖFFNUNGSZEITEN

Geschäfte haben i. d. R. Mo–Fr 9–13 Uhr und 16–20 Uhr geöffnet, Sa nur vormittags. In touristischen Zonen sind Supermärkte durchgehend, z. T. auch So offen. Post und Banken sind Mo–Fr 9–14 und Sa 9–13 Uhr geöffnet; im Sommer haben viele Banken Sa geschlossen.

POST

Briefe bis 20 g und Postkarten innerhalb der EU und in die Schweiz kosten 1,40 € und sind von/nach Mitteleuropa etwa eine Woche unterwegs. Briefmarken gibt es außer am Postschalter auch an vielen Hotelrezeptionen.

PRESSE UND TV

Auflagenstärkste deutschsprachige Zeitung ist das alle 14 Tage herausgegebene »Wochenblatt« (www.wochenblatt.es), mit Inselnachrichten Veranstaltungstipps und Kleinanzeigen. Lokale Zeitungen und

Magazine sowie Gratis-Anzeigenblätter in deutscher Sprache gibt es auch (bis auf El Hierro) auf allen anderen Inseln.

Via Satellit sind die wichtigsten deutschsprachigen Fernsehprogramme zu empfangen.

SICHERHEIT

Die Kanaren gelten als recht sicher. In den Metropolen, allen voran Las Palmas, aber auch in den großen Touristenorten, ist die Kriminalitätsrate aber relativ hoch. Lassen Sie deshalb nichts im Auto liegen und deponieren Sie Wertsachen unbedingt im Hotelsafe.

TELEFONIEREN

Der spanische Name für Handy ist *móvil;* inländische Mobiltelefonnummern beginnen mit einer »6«. Seit 2017 das Roaming innerhalb der EU abgeschafft wurde, telefonieren deutsche und österreichische Handykunden zum heimischen Tarif, für Schweizer fallen nach wie vor Roaminggebühren an. In allen Barrancos muss man mit Empfangsproblemen rechnen.

Ferngespräche sind auch von den – allerdings nicht mehr sehr zahlreichen – öffentlichen Telefonapparaten möglich, mit Münzen oder besser mit einer Telefonkarte *(tarjeta telefónica).*

Vorwahlen ins Ausland: Deutschland 00 49, Österreich 00 43, Schweiz 00 41. Danach Ortsnetzvorwahl ohne die Null und die Teilnehmernummer.

Vorwahl Spanien: 00 34, danach die neunstellige Teilnehmernummer.

TRINKGELD

Im Lokal oder im Taxi wird die Rechnung wie gewohnt aufgerundet. Auch bei besonderen Dienstleistungen im Hotel ist ein Trinkgeld *(propina)* angebracht. Gepäckträger erhalten ca. 1 € pro Koffer oder Reisetasche, Zimmermädchen 1 € pro Tag. Auch Gästeführer und Reiseleiter freuen sich über einen kleinen Obolus.

Telefon mit »Übersichtskarte« der Kanaren

TRINKWASSER

Leitungswasser ist zum Waschen unbedenklich, aber oft entsalzen und chemisch behandelt und deshalb kein Trinkwasser. Zum Trinken, Zähneputzen und Kochen nimmt man daher besser Wasserflaschen aus dem Supermarkt (gibt es auch in großen 5-l-Kanistern).

ZEIT

Die Kanarischen Inseln liegen in der westeuropäischen Zeitzone (WEZ), d. h. auch zur Sommerzeit wird bei der Ankunft die Uhr eine Stunde zurückgestellt.

ZOLL

Bei der Einreise aus einem Land der EU gibt es auf den Kanarischen Inseln keine Zollkontrollen.

Bei der Rückreise nach Deutschland, Österreich und in die Schweiz gelten die folgenden Freigrenzen (wegen des Sonderstatus niedriger als EU-üblich): 200 Zigaretten, 100 Zigarillos, 50 Zigarren oder 250 g Tabak; 1 l Spirituosen über oder 2 l unter 22 Vol.-% oder 2 l Schaumoder Likörwein, dazu 2 l Tischwein; 50 ml Parfüm und 0,25 l Eau de Toilette. Souvenirs sind bis zu einem Gesamtwert von 430 € bzw. 300 CHF pro Person zollfrei.

REGISTER

BILDNACHWEIS

Coverfoto Los Hervideros, Lanzarote © mauritius images/ClickAlps
Fotos Umschlagrückseite Huber Images/Schmid, Reinhard (links); Shutterstock/Castillo, Marcos (Mitte); plainpicture/Cultura/Svendsen, Soren (rechts)

AWL Images/Warburton-Lee, Jon: 94; Goetz, Rolf: 8; Getty Images/500px/Kastelic, Matej: 29; Getty Images/AFP/Martin, Desiree: 12; Getty Images/EyeEm/Kolesnikova, Yana: 71; Getty Images/LOOK-foto/Richter, Juergen: 9; Getty Images/Senserini, Lucrezia: 122; Huber Images/Schmid, Reinhard: 20/21, 54/55, 83, 89; imago/CordonPress/Barroso, Oscar J.: 28 unten; laif/Redux/VWPics/Vallecillos, Lucas: 103; laif/Sasse, Martin: 27; Lookphotos/Lubenow, Sabine: 87; Lookphotos/Sackermann, Jörn: 76; mauritius images/Alamy: 26; mauritius images/Alamy/Di Martino, Andrea: 16; mauritius images/Alamy/Morrison, Bruce: 129; Picture-Alliance/Lubenow, Sabine: 113; Picture-Alliance/Mohr, Christoph: 40; Picture-Alliance/Nitzschke, Michael: 92; Pixelio/Gila: 44; plainpicture/Cavan Images/Santiago Garcia, David: 6/7; plainpicture/Cultura/Svendsen, Soren: 13; plainpicture/Hamel, Peter: 98; plainpicture/Nordic Life/Rakke, Terje: 34/35; plainpicture/Schinkel, Uwe: 146; Shutterstock/anyaivanova: 22; Shutterstock/Aznar, Salvador: 15; Shutterstock/Baarssen, Fokke: 121; Shutterstock/bmszealand: 153; Shutterstock/Castillo, Marcos: 14; Shutterstock/Geo-grafika: 28 oben; Shutterstock/Hackemann, Jorg: 47, 138; Shutterstock/Kazmierczak, Pawel: 10, 53, 65; Shutterstock/Kullman, Birgitta: 119; Shutterstock/Natursports: 18; Shutterstock/Quintanilla: 75; Shutterstock/Steinbach, Manfred: 72; Shutterstock/Szirtesi, Laszlo: 69; Shutterstock/TOP67: 38; Shutterstock/vallefrias: 117; Shutterstock/vasanty: 50; Shutterstock/Vvlasovs: 25; stock.adobe.com/dtatiana: 60; stock.adobe.com/JFL Photography: 56; stock.adobe.com/jotily: 142; stock.adobe.com/matthia: 52; stock.adobe.com/Neissl: 30; stock.adobe.com/peresanz:132; stock.adobe.com/Pict, Brad: 134; stock.adobe.com/ptoscano: 105; stock.adobe.com/robertdering: 148.

Liebe Leserin, lieber Leser,
wir freuen uns, dass Sie sich für diesen POLYGLOTT on tour entschieden haben. Unsere Autorinnen und Autoren sind für Sie unterwegs und recherchieren sehr gründlich, damit Sie mit aktuellen und zuverlässigen Informationen auf Reisen gehen können. Dennoch lassen sich Fehler nie ganz ausschließen. Wir bitten Sie um Verständnis, dass der Verlag dafür keine Haftung übernehmen kann.

Ihre Meinung ist uns wichtig. Bitte schreiben Sie uns:

GRÄFE UND UNZER VERLAG
Postfach 86 03 66, 81630 München, Tel. 0 89 / 419 819 41
www.polyglott.de

LESERSERVICE
polyglott@graefe-und-unzer.de
Tel. 0 800 / 72 37 33 33 (gebührenfrei in D, A, CH), Mo–Do 9–17 Uhr, Fr 9–16 Uhr

1. Auflage 2019

© 2019 GRÄFE UND UNZER VERLAG GmbH, München
Dieses Buch wurde auf chlorfrei gebleichtem Papier gedruckt.
ISBN 978-3-8464-0452-2

Alle Rechte vorbehalten. Nachdruck, auch auszugsweise, sowie die Verbreitung durch Film, Funk, Fernsehen und Internet, durch fotomechanische Wiedergabe, Tonträger und Datenverarbeitungssysteme jeglicher Art nur mit schriftlicher Genehmigung des Verlages.

Bei Interesse an maßgeschneiderten B2B-Editionen:
gabriella.hoffmann@graefe-und-unzer.de

Bei Interesse an Anzeigen:
KV Kommunalverlag GmbH & Co. KG
Tel. 089/928 09 60
info@kommunal-verlag.de

Verlagsleitung: Grit Müller
Verlagsredaktion: Anne-Katrin Scheiter
Autoren: Rolf Goetz, Susanne Lipps
Redaktion: Christian Steinmaßl
Bildredaktion: Marie Danner
Mini-Dolmetscher: Langenscheidt
Umschlaggestaltung & Layout:
Independent Medien Design, München
Horst Moser (Artdirection), Lucie Heselich
Karten und Pläne: Theiss Heidolph und Kunth Verlag GmbH & Co. KG
Satz: Tim Schulz, Mainz
Herstellung: Anna Bäumner, Gloria Schlayer
Druck und Bindung:
Printer Trento, Italien

PEFC/18-31-506

Ein Unternehmen der
GANSKE VERLAGSGRUPPE

MINI-DOLMETSCHER SPANISCH

ALLGEMEINES

Guten Tag.	Buenos días. [buenos dias]
Hallo!	¡Hola! [ola]
Wie geht's?	¿Qué tal? [ke tal]
Danke, gut.	Bien, gracias. [bjen graθjas]
Ich heiße ...	Me llamo ... [me ljamo]
Auf Wiedersehen.	Adiós. [adjos]
Morgen	mañana [manjana]
Nachmittag	tarde [tarde]
Abend	tarde [tarde]
Nacht	noche [notsche]
morgen	mañana [manjana]
heute	hoy [oi]
gestern	ayer [ajer]
Sprechen Sie Deutsch / Englisch?	¿Habla usted alemán / inglés? [abla usted aleman / ingles]
Wie bitte?	¿Cómo? [komo]
Ich verstehe nicht.	No he entendido. [no e entendido]
Wiederholen Sie bitte.	Por favor, repítalo. [por fawor repitalo]
..., bitte.	..., por favor. [por fawor]
danke	gracias [graθjas]
Keine Ursache.	De nada. [de nada]
was / wer / welcher	qué / quién / cuál [ke / kjen / kual]
wo / wohin	dónde / adónde [donde / adonde]
wie / wie viel / wann / wie lange	cómo / cuánto / cuándo / cuánto tiempo [komo / kuanto / kuando / kuanto tjempo]
Warum?	¿por qué? [por ke]
Wie heißt das?	¿Cómo se llama esto? [komo ße ljama esto]
Wo ist ...?	¿Dónde está ...? [donde esta ...]
Können Sie mir helfen?	¿Podría usted ayudarme? [podria usted ajudarme]
ja	sí [ßi]
nein	no [no]
Entschuldigen Sie.	Perdón. [perdon]
Das macht nichts.	No pasa nada. [no paßa nada]

SHOPPING

Wo gibt es ...?	¿Dónde hay ...? [donde ai]
Wie viel kostet das?	¿Cuánto cuesta? [kuanto kuesta]
Ich nehme es.	Me lo llevo. [me lo ljevo]
Wo ist eine Bank?	¿Dónde hay un banco? [donde ai um banko]
Ich suche einen Geldautomaten.	Busco un cajero automático. [busko un kachero automatiko]
Geben Sie mir bitte 100 g Käse.	Por favor, déme cien gramos de queso. [por fawor deme θjen gramos de keßo]
Haben Sie deutsche Zeitungen?	¿Tienen periódicos alemanes? [tjenen perjodikos alemanes]
Wo kann ich telefonieren / eine Telefonkarte kaufen?	¿Dónde puedo llamar por teléfono / comprar una tarjeta telefónica? [donde puedo ljamar por telefono / komprar una tarcheta telefonika]

ESSEN UND TRINKEN

Die Speisekarte, bitte.	La carta, por favor. [la karta, por fawor]
Brot	pan [pan]
Kaffee	café [kafe]
Tee	té [te]
mit Milch / Zucker	con leche / azúcar [kon letsche / aθukar]
Orangensaft	zumo de naranja [θumo de narancha]
Mehr Kaffee, bitte.	Más café, por favor. [mas kafe por fawor]
Suppe	sopa [ßopa]
Fisch	pescado [peskado]
Meeresfrüchte	mariscos [mariskos]
Fleisch	carne [karne]
Geflügel	aves [awes]
Reis	arroz [arros]
Beilage	guarnición [guarniθjon]
vegetarische Gerichte	comida vegetariana [komida vechetarjana]
Eier	huevos [uewos]
Salat	ensalada [enßalada]
Dessert	postre [postre]
Obst	fruta [fruta]
Eis	helado [elado]
Wein	vino [bino]
weiß / rot / rosé	blanco / tinto / rosado [blanko / tinto / roßado]
Bier	cerveza [θerweθa]
Wasser	agua [agua]
Mineralwasser	agua mineral [agua mineral]
mit / ohne Kohlensäure	con / sin gas [kon / ßin gas]
Limonade	gaseosa [gaßeoßa]
Ich möchte bitte zahlen.	La cuenta, por favor. [la kuenta por fawor]

MEINE ENTDECKUNGEN

....

....

....

....

....

....

....

....

....

....

....

....

....

....

....

....

....

....

Teilen Sie Ihre Entdeckungen auf facebook.com/Polyglottreisewelt.

CHECKLISTE
KANARISCHE INSELN

Nur da gewesen oder schon entdeckt?

☐ **KANAREN-ZEITREISE**
Das Museo de Naturaleza y Arqueología in Santa Cruz de Tenerife bietet einen fundierten Überblick zur Natur, Kultur und Frühgeschichte des Kanarischen Archipels. › S. 61

☐ **SCHLUCHT DER TODESÄNGSTE**
Der Wanderklassiker durch den tief eingeschnittenen Barranco de las Angustias im Nationalpark von La Palma kann zum unvergesslichen Erlebnis werden. › S. 14

☐ **AN DER ABBRUCHKANTE**
Der Blick vom Mirador de Abrante – mit verglastem Skywalk – hoch über dem Bilderbuchdorf Agulo (La Gomera) ist wahrlich spektakulär. › S. 13

☐ **AM ENDE DER WELT**
Als dieses galt lange Kap Orchilla (El Hierro) mit dem gleichnamigen Leuchtturm an der imposanten Felsenküste. › S. 101

☐ **TUFFSTEINDORF**
Das Bergdorf Artenara begeistert mit seinen Höhlenhäusern und -kirchen sowie mit umwerfendem Panorama über Gran Canarias zentrales Bergland. › S. 121

☐ **TRAUMSTRANDWANDERUNG**
An der unverbauten Playa de Cofete auf der Halbinsel Jandía (Fuerteventura) kann man stundenlang über feinsten Sand wandern. › S. 133

☐ **STACHLIGE SACHE**
César Manriques phänomenaler Jardín de Cactus auf Lanzarote bringt nicht nur Kakteenliebhaber zum Staunen. › S. 137

💬 **MITBRINGSEL**

- **Mojo:** Die würzige kanarische Soße gibt es in Rot (scharf) und Grün (milder) › S. 18
- **Calado:** Ein dekoratives handgesticktes Accessoire für Tisch oder Regal › S. 18